高考理科解题思维系列丛书

数学解题手册

智康1对1高考研究中心　编著

SHUXUE JIETI SHOUCE

GAOKAO LIKE JIETI SIWEI XILIE CONGSHU

| 智康1对1图书策划委员会 |

主　　编：石　娟

执行主编：杨　芳

编　　著：智康1对1高考研究中心

韦家鼎　王海军　鄂立强

金　明　桑和瑞

中国环境出版社·北京

图书在版编目（CIP）数据

数学解题手册/智康1对1高考研究中心编著. —北京：中国环境出版社，2014.3
（高考理科解题思维系列丛书）
ISBN 978-7-5111-1442-6

Ⅰ. ①数… Ⅱ. ①智… Ⅲ. ①中学数学课—高中—升学参考资料 Ⅳ. ①G634.603

中国版本图书馆 CIP 数据核字（2014）第 013536 号

出 版 人　王新程
责任编辑　丁莞歆
文字编辑　金捷霆
责任校对　唐丽虹
封面设计　岳　帅

出版发行　中国环境出版社
（100062　北京市东城区广渠门内大街 16 号）
网　　址：http://www.cesp.com.cn
电子邮箱：bjgl@cesp.com.cn
联系电话：010-67112765（编辑管理部）
010-67175507（科技标准图书出版中心）
发行热线：010-67125803　010-67113405（传真）
印装质量热线：010-67113404

印　　刷　北京中科印刷有限公司
经　　销　各地新华书店
版　　次　2014 年 4 月第 1 版
印　　次　2014 年 4 月第 1 次印刷
开　　本　787×1092　1/16
印　　张　5.75
字　　数　138 千字
定　　价　22.00 元

前言

亲爱的同学们：

高考涉及知识面广、内容多，注重考点的综合运用，很多同学由于对知识的理解不够透彻，在做题中会遇到很多问题。比如不能将所学知识点灵活运用于解决实际问题、做了海量习题却仍然原地踏步，也会因此而困惑：是该继续巩固基础题型？还是攻克拔高题？针对这些问题，智康1对1高考研究中心精心编写了《高考理科解题思维系列丛书》。

此套图书是智康老师们整合多年教学研究经验，遵循近年考试规律和命题趋势编撰而成。旨在帮助广大考生加深知识点的理解，建立系统的解题思想，灵活运用解题方法快速解决各类题目。《高考理科解题思维系列丛书》包含《数学解题手册》、《物理解题手册》和《化学解题手册》，相信这套丛书能帮助同学们提高解题能力，高效的备战高考。

《数学解题手册》涵盖了高中数学解题常用的七种方法与四大思想。帮助同学们更为深刻理解知识点的同时，掌握解题的思想规律，灵活运用各种解题方法，从而在解题时做到处变不惊，游刃有余。

最后希望这本书能够成为高三学子突破解题瓶颈的有利助手，真正帮助大家在有限的时间内将所学知识融会贯通，最终赢得高考的胜利。

鉴于时间仓促，书中难免有不少纰漏，敬请读者批评指正。

智康1对1高考研究中心

2014年3月

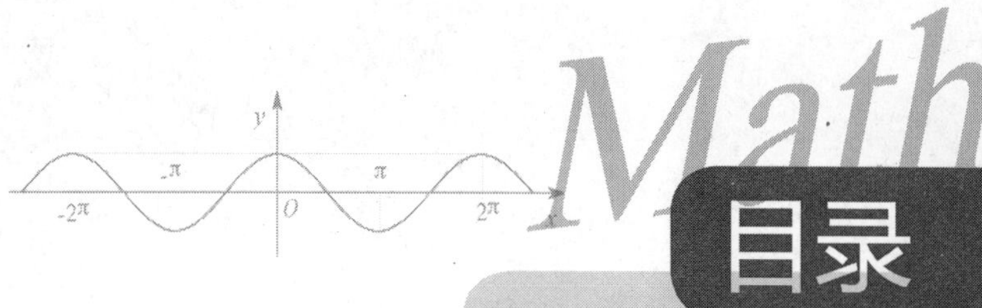

目录

第一部分　方法篇

第二部分　思想篇

第一部分 方法篇

第一章　配方法

方法讲解

配方法是对数学式子进行一种定向变形（配成“完全平方”）的技巧，通过配方找到已知和未知数的联系，从而化繁为简．如何配方，需要我们做适当变换，并且合理运用“裂项”与“添项”、“配”与“凑”的技巧，从而完成配方．有时也将其称为“凑配法”．

最常见的配方是进行恒等变形，使数学式子出现完全平方．它主要适用于：已知或者未知数学式子中含有二次方程、二次不等式、二次函数、二次代数式的讨论与求解，或者式子中缺 xy 项的二次曲线的平移变换等问题．

配方法使用的最基本的配方依据是二项完全平方公式 $a^2+2ab+b^2=(a+b)^2$，将这个公式灵活运用，可得到各种基本配方形式，如：

$$a^2+b^2=(a+b)^2-2ab=(a-b)^2+2ab.$$

$$(\sin\alpha+\cos\alpha)^2=\sin^2\alpha+2\sin\alpha\cos\alpha+\cos^2\alpha=1+2\sin\alpha\cos\alpha.$$

$$x^2+\frac{1}{x^2}=(x+\frac{1}{x})^2-2=(x-\frac{1}{x})^2+2$$ 等等.

典例分析

例 1：已知长方体的全面积为 11，其 12 条棱的长度之和为 24，则这个长方体的一条对角线长为______.

A．$2\sqrt{3}$　　B．$\sqrt{14}$　　C．5　　D．6

【分析】先转换为数学表达式：设长方体长宽高分别为 x,y,z，则 $\begin{cases}2(xy+yz+xz)=11\\4(x+y+z)=24\end{cases}$

而欲求对角线长 $\sqrt{x^2+y^2+z^2}$，将其配凑成两已知式的组合形式可得解．

【解析】设长方体长宽高分别为 x,y,z 由已知“长方体的全面积为 11，其 12 条棱的长度之和为 24” 而得：$\begin{cases} 2(xy+yz+xz)=11 \\ 4(x+y+z)=24 \text{ 或 } (x+y+z)=6 \end{cases}$

长方体所求对角线长为：$\sqrt{x^2+y^2+z^2}=\sqrt{(x+y+z)^2-2(xy+yz+xz)}$

$$=\sqrt{6^2-11}=5.$$

所以选 C.

例 2：化简：$2\sqrt{1-\sin 8}+\sqrt{2+2\cos 8}$ 的结果是_____.

A. $2\sin 4$　　B. $2\sin 4-4\cos 4$　　C. $-2\sin 4$　　D. $4\cos 4-2\sin 4$

【解析】$2\sqrt{1-\sin 8}+\sqrt{2+2\cos 8}=2\sqrt{\sin^2 4-2\sin 4\cos 4+\cos^2 4}+\sqrt{2(1+\cos^2 4-\sin^2 4)}$

$$=2\sqrt{(\sin 4-\cos 4)^2}+\sqrt{4\cos^2 4}=2\sin 4-2\cos 4+2\cos 4=2\sin 4.$$

选 A.

例 3：设方程 $x^2+kx+2=0$ 的两实根为 p,q . 若 $(\frac{p}{q})^2+(\frac{q}{p})^2\leqslant 7$ 成立，求实数 k 的取值范围.

【解析】方程 $x^2+kx+2=0$ 的两实根为 p,q，由韦达定理得：$p+q=-k$，$pq=2$，

$$(\frac{p}{q})^2+(\frac{q}{p})^2=\frac{p^4+q^4}{(pq)^2}=\frac{(p^2+q^2)^2-2p^2q^2}{(pq)^2}$$

$$=\frac{[(p+q)^2-2pq]^2-2p^2q^2}{(pq)^2}=\frac{(k^2-4)^2-8}{4}\leqslant 7.$$

解得 $-\sqrt{10}\leqslant k\leqslant\sqrt{10}$.

又∵ p,q 为方程 $x^2+kx+2=0$ 的两实根，

∴ $\Delta=k^2-8\geqslant 0$ 即 $k\geqslant 2\sqrt{2}$ 或 $k\leqslant -2\sqrt{2}$.

综合起来，k 的取值范围是：$-\sqrt{10}\leqslant k\leqslant -2\sqrt{2}$ 或者 $2\sqrt{2}\leqslant k\leqslant\sqrt{10}$.

例 4：已知 F_1、F_2 是椭圆的两个焦点，P 为椭圆上一点，$\angle F_1PF_2=60^\circ$，椭圆的短半轴长为 $b=\sqrt{3}$，则三角形 $\triangle PF_1F_2$ 的面积为______.

【解析】设$|PF_1|=m$，$|PF_2|=n$，$|F_1F_2|=2c$，在$\triangle PF_1F_2$中，由余弦定理

$$4c^2=m^2+n^2-2mn\cos 60^\circ=m^2+n^2-mn.$$

又$m+n=2a$，所以$4c^2=(m+n)^2-3mn=4a^2-3mn$

移项得$mn=\frac{4}{3}(a^2-c^2)=\frac{4}{3}b^2=4$.

即可得$S_{\triangle PF_1F_2}=\frac{1}{2}mn\sin 60^\circ=\sqrt{3}$.

【答案】$\sqrt{3}$

例 5：求函数$f(x)=\left(12-x^2\right)+\frac{(x-4)^2}{4}$的值域.

【解析】$f(x)=\left(12-x^2\right)+\frac{(x-4)^2}{4}=-\frac{3}{4}\left(x+\frac{4}{3}\right)^2+\frac{52}{3}$.当$x=-\frac{4}{3}$时$f(x)$取最大值$\frac{52}{3}$.

所以$f(x)$的值域为$(-\infty,\frac{52}{3}]$.

例 6：已知数列$\{a_n\}$的前n项和$S_n=10n-n^2(n\in\mathbf{N}^*)$.

（Ⅰ）求数列$\{a_n\}$的通项公式；

（Ⅱ）求S_n的最大值；

（Ⅲ）设$b_n=|a_n|$，求数列$\{b_n\}$的前n项和T_n.

【解析】（Ⅰ）当$n=1$时，$a_1=S_1=10-1=9$；

当$n\geqslant 2$时，$a_n=S_n-S_{n-1}=10n-n^2-\left[10(n-1)-(n-1)^2\right]=-2n+11$.

综上可知，数列$\{a_n\}$的通项公式为$a_n=-2n+11$.

（Ⅱ）解法1：$S_n=10n-n^2=-(n-5)^2+25$，所以，当$n=5$时，S_n取得最大值25.

解法2：由（Ⅰ）解知，$a_n=-2n+11\geqslant 0$，得$n\leqslant\frac{11}{2}$，即此等差数列前

5 项为正数，从第 6 项起开始为负数，所以 S_5 最大，故

$(S_n)_{\max} = S_5 = 10\times5-5^2 = 25$.

（Ⅲ）令 $a_n = -2n+11 \geqslant 0$，得 $n \leqslant \frac{11}{2}$.

$T_n = b_1+b_2+b_3+\cdots+b_n = |a_1|+|a_2|+|a_3|+\cdots+|a_n|$.

当 $n\leqslant5$ 时，$T_n = S_n = 10n-n^2$.

当 $n>5$ 时，$T_n = a_1+a_2+a_3+a_4+a_5-a_6\cdots-a_n = -S_n+2S_5 = 50-10n+n^2$.

综上可知，数列 $\{b_n\}$ 的前 n 项和 $T_n = \begin{cases}10n-n^2, n\leqslant5\\ 50-10n+n^2, n>5\end{cases}$　$n\in\mathbf{N}^*$.

例 7：已知正三角形 ABC 的边长为 1，点 P 是 AB 边上的动点，点 Q 是 AC 边上的动点，且 $\overrightarrow{AP}=\lambda\overrightarrow{AB}$，$\overrightarrow{AQ}=(1-\lambda)\overrightarrow{AC}$，$\lambda\in R$（实数集），则 $\overrightarrow{BP}\cdot\overrightarrow{CQ}$ 的最大值为______.

A. $\frac{3}{2}$　B. $-\frac{3}{2}$　C. $\frac{3}{8}$　D. $-\frac{3}{8}$

【解析】如图 1-1 建立平面直角坐标系，因为正三角形 ABC 的边长为 1，

所以 $B(0,0)$，$A(\frac{1}{2},\frac{\sqrt{3}}{2})$，$C(1,0)$.

所以 $\overrightarrow{AB}=(-\frac{1}{2},-\frac{\sqrt{3}}{2})$，$\overrightarrow{AC}=(\frac{1}{2},-\frac{\sqrt{3}}{2})$，

$\overrightarrow{AP}=(-\frac{1}{2}\lambda,-\frac{\sqrt{3}}{2}\lambda)$，

$\overrightarrow{AQ}=(\frac{1}{2}-\frac{1}{2}\lambda,-\frac{\sqrt{3}}{2}+\frac{\sqrt{3}}{2}\lambda)$.

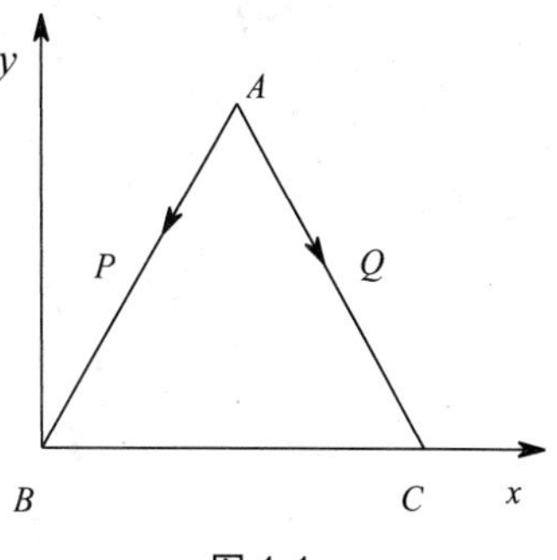

图 1-1

所以 $\overrightarrow{BP}\cdot\overrightarrow{CQ}=(\overrightarrow{BA}+\overrightarrow{AP})(\overrightarrow{CA}+\overrightarrow{AQ})$

$$=(1-\frac{1}{2}\lambda)(-\frac{1}{2}-\frac{1}{2}\lambda)+\frac{\sqrt{3}}{2}\lambda(\frac{\sqrt{3}}{2}-\frac{\sqrt{3}}{2}\lambda)$$

$$=-\frac{1}{2}(\lambda+\frac{1}{2})^2-\frac{3}{8}.$$

所以最大值为 $-\frac{3}{8}$.

例 8：将一个长宽分别是a,b $(0<b<a)$的铁皮的四角切去相同的正方形，然后折成一个无盖的长方体的盒子，若这个长方体的外接球的体积存在最小值，则$\dfrac{a}{b}$的取值范围是______.

【解析】设切去的正方形边长为x，则折成的长方体的棱长分别为$a-2x$，$b-2x$，x，那么它的对角线，即外接球的直径$d=\sqrt{(a-2x)^2+(b-2x)^2+x^2}=\sqrt{9x^2-4(a+b)x+a^2+b^2}$ $(x<\dfrac{b}{2})$，若长方体的外接球体积存在最小值，则上面二次函数对称轴$\dfrac{2(a+b)}{9}<\dfrac{b}{2}$，则$1<\dfrac{a}{b}<\dfrac{5}{4}$.

例 9：若$y=\cos^2 x+2p\sin x+q$有最大值9和最小值6，求实数p,q的值.

【解析】令$\sin x=t,t\in[-1,1]$，$y=1-\sin^2 x+2p\sin x+q$.

$y=-(\sin x-p)^2+p^2+q+1=-(t-p)^2+p^2+q+1$.

$y=-(t-p)^2+p^2+q+1$对称轴为$t=p$.

当$p<-1$时，$[-1,1]$是函数y的递减区间，$y_{\max}=y|_{t=-1}=-2p+q=9$.

$y_{\min}=y|_{t=1}=2p+q=6$，得$p=-\dfrac{3}{4}$，$q=\dfrac{15}{2}$，与$p<-1$矛盾；

当$p>1$时，$[-1,1]$是函数y的递增区间，$y_{\max}=y|_{t=1}=2p+q=9$.

$y_{\min}=y|_{t=-1}=-2p+q=6$，得$p=\dfrac{3}{4},q=\dfrac{15}{2}$，与$p>1$矛盾；

当$-1\leqslant p\leqslant 1$时，$y_{\max}=y|_{t=p}=p^2+q+1=9$，

当$p\geqslant 0$，$y_{\min}=y|_{t=-1}=-2p+q=6$，得$p=\sqrt{3}-1,q=4+2\sqrt{3}$；

当$p<0$，$y_{\min}=y|_{t=1}=2p+q=6$，得$p=-\sqrt{3}+1,q=4+2\sqrt{3}$.

$\therefore p=\pm(\sqrt{3}-1),q=4+2\sqrt{3}$.

巩固题组

题 1：在正项等比数列$\{a_n\}$中，$a_1a_5+2a_3a_5+a_3a_7=25$，则$a_3+a_5=$________.

题 2：方程$x^2+y^2-4kx-2y+5k=0$表示圆的充要条件是______.

A. $\frac{1}{4}<k<1$　　B. $k<\frac{1}{4}$或$k>1$　　C. $k\in R$　　D. $k=\frac{1}{4}$或$k=1$

题 3：已知$\sin^4\alpha+\cos^4\alpha=1$，则$\sin\alpha+\cos\alpha$的值为_______.

A. 1　　B. -1　　C. 1或-1　　D. 0

题 4：函数$y=\log_{\frac{1}{2}}(-2x^2+5x+3)$的单调递增区间是______.

A. $\left(-\infty,\frac{5}{4}\right]$　　B. $\left[\frac{5}{4},+\infty\right)$　　C. $\left(-\frac{1}{2},\frac{5}{4}\right]$　　D. $\left[\frac{5}{4},3\right)$

题 5：已知方程$x^2+(a-2)x+a-1=0$的两根x_1，x_2，则点$P(x_1,x_2)$在圆$x^2+y^2=4$上，则实数$a=$______.

题 6：已知等差数列$\{a_n\}$中，$a_3=8$，$a_7=-4$，求它的前n项和S_n，并指出前多少项的和最大？

题 7：$y=\sqrt{1-x}+\sqrt{x+3}$的值域.

题 8：已知$\sin x+\cos x=m,(|m|\leqslant\sqrt{2},且|m|\neq1)$，求（1）$\sin^3x+\cos^3x$；（2）$\sin^4x+\cos^4x$.

题 9：在ΔABC中，O为中线AM上的一个动点，若AM=2，则$\overrightarrow{OA}\cdot(\overrightarrow{OB}+\overrightarrow{OC})$的最小值为__________.

题 10：已知双曲线的中心在原点，两个焦点F_1，F_2分别为$(\sqrt{5},0)$和$(-\sqrt{5},0)$，点P在双曲线上且$PF_1\perp PF_2$，且$\triangle PF_1F_2$的面积为1，则双曲线的方程为__________.

题 11：已知函数$f(x)=2\cos2x+\sin^2x-4\cos x$.

（Ⅰ）求$f(\frac{\pi}{3})$的值；

（Ⅱ）求$f(x)$的最大值和最小值.

题组解析

【题 1】利用等比数列性质 $a_{m-p}a_{m+p}=a_m^2$，

将已知等式左边变换，$a_1a_5+2a_3a_5+a_3a_7=a_3^2+2a_3a_5+a_5^2=\left(a_3+a_5\right)^2=25$.

故 $a_3+a_5=5$.

【题 2】配方成圆的标准方程形式 $(x-a)^2+(y-b)^2=r^2$，解 $r^2\geqslant 0$ 即可，选 B.

【题 3】已知等式经配方成 $(\sin^2\alpha+\cos^2\alpha)^2-2\sin^2\alpha\cos^2\alpha=1$，求出 $\sin\alpha\cos\alpha$，然后求出所求式的平方值，再开方求解．选 C.

【题 4】配方后得到对称轴，结合定义域和对数函数及复合函数的单调性求解．选 D.

【题 5】$3-\sqrt{11}$.

【题 6】公差 $d=\dfrac{a_7-a_3}{4}=-3$，$a_1=a_3-2d=14$，

$$S_n=14n+\frac{n(n-1)}{2}\times(-3)=-\frac{3}{2}n^2+\frac{31}{2}n=-\frac{3}{2}\left(n^2-\frac{31}{3}n\right)=-\frac{3}{2}\left(n-\frac{31}{6}\right)^2+\frac{31^2}{24},$$

故 $S_n=-\dfrac{3}{2}n^2+\dfrac{31}{2}n$，当 $n=5$ 时，S_n 最大.

（或利用 $a_5=2>0$，$a_6=-1<0$ 得出此结论）

【题 7】$y^2=4+\sqrt{-x^2-2x+3}=4+\sqrt{-(x+1)^2+4}$

当 $x=1$ 时，y^2 有最小值 4，当 $x=-1$ 时，y^2 有最大值 6，所以函数值域 $[2,\sqrt{6}]$.

【题 8】由 $\sin x+\cos x=m$，得 $1+2\sin x\cos x=m^2$，即 $\sin x\cos x=\dfrac{m^2-1}{2}$，

（1）$\sin^3x+\cos^3x=(\sin x+\cos x)(1-\sin x\cos x)=m(1-\dfrac{m^2-1}{2})=\dfrac{3m-m^3}{2}$.

（2）$\sin^4x+\cos^4x=1-2\sin^2x\cos^2x=1-2(\dfrac{m^2-1}{2})^2=\dfrac{-m^4+2m^2+1}{2}$.

【题 9】如图 1-2，设 $AO = x$，则 $OM = 2 - x$，

所以 $\overrightarrow{OA} \cdot (\overrightarrow{OB} + \overrightarrow{OC}) = \overrightarrow{OA} \cdot 2\overrightarrow{OM} = -2 \cdot OA \cdot OM$，

$-2x(2-x) = 2x^2 - 4x = 2(x-1)^2 - 2$，

故当 $x = 1$ 时，$\overrightarrow{OA} \cdot \left(\overrightarrow{OB} + \overrightarrow{OC}\right)$ 取最小值 -2.

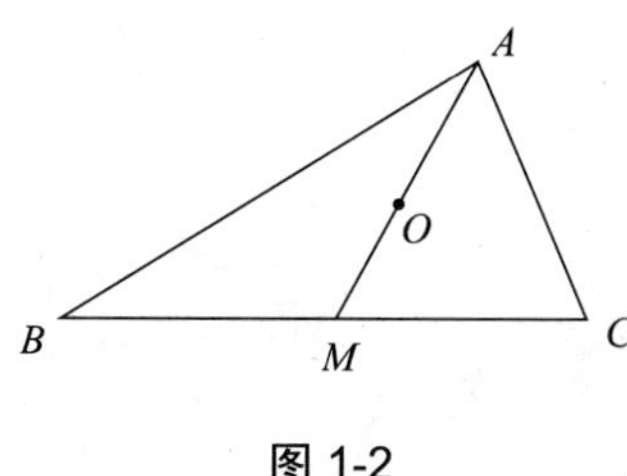

图 1-2

【题 10】∵双曲线的焦点在 x 轴上，且中心在原点，故可设双曲线的方程为 $\dfrac{x^2}{a^2} - \dfrac{y^2}{b^2} = 1$，

其中 $c = \sqrt{a^2 + b^2} = \sqrt{5}$.

设 $|PF_1|$ 与 $|PF_2|$ 中较小的值为 s，则较大的值为 $2a + s$.

由题意知：$\begin{cases} \dfrac{1}{2}s(2a+s) = 1 \\ s^2 + (2a+s)^2 = (2\sqrt{5})^2 \end{cases}$

从而 $(2a)^2 = (2a+s-s)^2 = (2a+s)^2 + s^2 - 2(2a+s)s = 20 - 2 \times 2 = 16$，故 $a = 2$.

从而 $b^2 = 5 - 4 = 1$，所求双曲线的方程为 $\dfrac{x^2}{4} - y^2 = 1$.

【题 11】（Ⅰ）$f(\dfrac{\pi}{3}) = 2\cos\dfrac{2\pi}{3} + \sin^2\dfrac{\pi}{3} - \cos\dfrac{\pi}{3} = -1 + \dfrac{3}{4} - 2 = -\dfrac{9}{4}$.

（Ⅱ）$f\left(x\right) = 2\left(2\cos^2 x - 1\right) + \left(1 - \cos^2 x\right) - 4\cos x$

$= 3(\cos x - \dfrac{2}{3})^2 - \dfrac{7}{3}$，$x \in \mathbf{R}$（实数集）.

因为 $\cos x \in [-1, 1]$，

所以，当 $\cos x = -1$ 时，$f(x)$ 取最大值 6;

当 $\cos x = \dfrac{2}{3}$ 时，$f(x)$ 取最小值 $-\dfrac{7}{3}$.

第二章　换元法

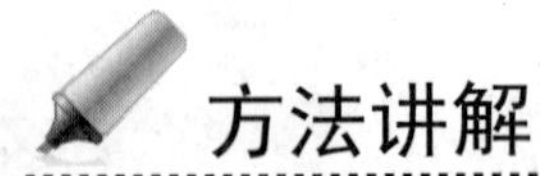

方法讲解

解数学题时，把某个式子看成一个整体，用一个变量去代替它，从而使问题得到简化，这种方法叫换元法. 换元的实质是转化，关键是构造元和设元，理论依据是等量代换，目的是变换研究对象，将问题移至新对象的知识背景中去研究，从而使非标准型问题标准化、复杂问题简单化，变得容易处理.

换元法又称辅助元素法、变量代换法. 通过引进新的变量，可以把分散的条件联系起来；隐含的条件显露出来；或者把条件与结论联系起来；或者变为熟悉的形式，把复杂的计算和论证简化.

它可以化高次为低次、化分式为整式、化无理式为有理式、化超越式为代数式，在研究方程、不等式、函数、数列、三角等问题中有广泛的应用.

换元的方法有：局部换元、三角换元、均值换元等. 局部换元又称整体换元，是在已知或者未知中，某个代数式几次出现，而用一个字母来代替它从而简化问题，当然有时候要通过变形才能发现. 例如解不等式：$4^x+2^x-2\geqslant 0$，先变形为设 $2^x=t$（$t>0$），而变为熟悉的一元二次不等式求解和指数方程的问题.

三角换元，应用于去根号，或者变换为三角形式易求时，主要利用已知代数式中与三角知识中有某点联系进行换元. 如求函数 $y=\sqrt{x}+\sqrt{1-x}$ 的值域时，易发现 $x\in[0,1]$，设 $x=\sin^2\alpha$，$\alpha\in\left[0,\dfrac{\pi}{2}\right]$，问题变成了熟悉的求三角函数值域. 为什么会想到如此设，其中主要应该是发现值域的联系，又有去根号的需要. 如变量 x,y 适合条件 $x^2+y^2=r^2\ (r>0)$ 时，则可作三角代换 $x=r\cos\theta$、$y=r\sin\theta$ 化为三角问题. 均值换元，如遇到 $x+y=S$ 形式时，设 $x=\dfrac{S}{2}+t$，$y=\dfrac{S}{2}-t$ 等等.

我们使用换元法时，要遵循有利于运算、有利于标准化的原则，换元后要注重新变量范围的选取，一定要使新变量范围对应于原变量的取值范围，不能缩小也不能扩大.

典例分析

例 1：已知 $f(x+1)=x^2-2x$，求 $f(x)$ 的解析式.

【解析】设 $x+1=t$，$x=t-1$，则 $f(t)=(t-1)^2-2(t-1)=t^2-4t-1$.

即 $f(x)=x^2-4x-1$.

例 2：设 $a>0$，求 $f(x)=2a(\sin x+\cos x)-2\sin x\cdot\cos x-2a^2$ 的最大值和最小值.

【解析】设 $\sin x+\cos x=t$，则 $t\in\left[-\sqrt{2},\sqrt{2}\right]$，

由 $\left(\sin x+\cos x\right)^2=1+2\sin x\cdot\cos x$ 得：$\sin x\cdot\cos x=\dfrac{t^2-1}{2}$，

$\therefore f(x)=g(t)=-\dfrac{1}{2}(t-2a)+\dfrac{1}{2}\ \ (a>0)$，$t\in\left[-\sqrt{2},\sqrt{2}\right]$.

$t=-\sqrt{2}$ 时，取最小值：$-2a^2-2\sqrt{2}a-\dfrac{1}{2}$；

当 $2a\geqslant\sqrt{2}$ 时，$t=\sqrt{2}$，取最大值：$-2a^2+2\sqrt{2}a-\dfrac{1}{2}$；

当 $0<2a\leqslant\sqrt{2}$ 时，$t=2a$，取最大值为 $\dfrac{1}{2}$.

$\therefore f(x)$ 的最小值为 $-2a^2-2\sqrt{2}a-\dfrac{1}{2}$.

最大值为 $\begin{cases}\dfrac{1}{2}(0<a<\dfrac{\sqrt{2}}{2})\\ -2a^2+2\sqrt{2}a-\dfrac{1}{2}(a\geqslant\dfrac{\sqrt{2}}{2})\end{cases}$

例 3：已知 $\dfrac{\sin\theta}{x}=\dfrac{\cos\theta}{y}$，且 $\dfrac{\cos^2\theta}{x^2}+\dfrac{\sin^2\theta}{y^2}=\dfrac{10}{3(x^2+y^2)}$，求 $\dfrac{x}{y}$ 的值.

【解析】设 $\dfrac{\sin\theta}{x}=\dfrac{\cos\theta}{y}=k$，则 $\sin\theta=kx$，$\cos\theta=ky$ 且 $\sin^2\theta+\cos^2\theta=k(x^2+y^2)=1$，

代入 $\dfrac{\cos^2\theta}{x^2}+\dfrac{\sin^2\theta}{y^2}=\dfrac{10}{3(x^2+y^2)}$ 式，

得：$\dfrac{k^2y^2}{x^2}+\dfrac{k^2x^2}{y^2}=\dfrac{10}{3(x^2+y^2)}=\dfrac{10k^2}{3}$.

即 $\frac{y^2}{x^2}+\frac{x^2}{y^2}=\frac{10}{3}$，设 $\frac{x^2}{y^2}=t$，则 $t+\frac{1}{t}=\frac{10}{3}$，

解得 $t=3$ 或 $\frac{1}{3}$ ∴ $\frac{x}{y}=\pm\sqrt{3}$ 或 $=\pm\frac{\sqrt{3}}{3}$.

例 4：求函数 $y=2x+\sqrt{1-2x}$ 的值域.

【解析】令 $t=\sqrt{1-2x}(t\geqslant 0)$，则 $x=\frac{1-t^2}{2}$，

$\therefore y=-t^2+t+1=-(t-\frac{1}{2})^2+\frac{5}{4}$.

∵当 $t=\frac{1}{2}$，即 $x=\frac{3}{8}$ 时，$y_{\max}=\frac{5}{4}$，无最小值.

∴函数 $y=2x+\sqrt{1-2x}$ 的值域为 $\left(-\infty,\frac{5}{4}\right]$.

例 5：求函数 $y=x+\sqrt{1-x^2}$ 的值域.

【解析】由 $1-x^2\geqslant 0$, 得 $-1\leqslant x\leqslant 1$, 设 $x=\cos\theta(\theta\in[0,\pi])$，

则 $y=\sin\theta+\cos\theta=\sqrt{2}\sin\left(\theta+\frac{\pi}{4}\right)$，

易知当 $\theta=\frac{\pi}{4}$ 时，y 取最大值为 $\sqrt{2}$,

当 $\theta=\pi$ 时，y 取最小值为-1，∴原函数的值域是 $[-1,\sqrt{2}]$.

例 6：已知 $a_1=4,\ a_{n+1}=\frac{2a_n}{2a_n+1}$，求 a_n.

【解析】对递推式左右两边取倒数得 $\frac{1}{a_{n+1}}=\frac{2a_n+1}{2a_n}$ 即 $\frac{1}{a_{n+1}}=\frac{1}{2}\cdot\frac{1}{a_n}+1$，令 $\frac{1}{a_n}=b_n$

则 $b_{n+1}=\frac{1}{2}b_n+1$，设 $b_{n+1}+\mu=\frac{1}{2}(b_n+\mu)$，即 $\mu=-2$.

∴数列 $\{b_n-2\}$ 是以 $\frac{1}{4}-2=-\frac{7}{4}$ 为首项、$\frac{1}{2}$ 为公比的等比数列，则 $b_n-2=-\frac{7}{2^{n+1}}$，

即 $b_n=\frac{2^{n+2}-7}{2^{n+1}}$，$\therefore a_n=\frac{2^{n+1}}{2^{n+2}-7}$.

【答案】$a_n=\frac{2^{n+1}}{2^{n+2}-7}$.

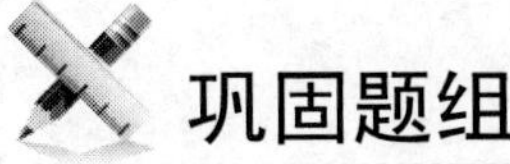

巩固题组

题 1：$y=\sin x\cdot\cos x+\sin x+\cos x$ 的最大值是________.

题 2：设 $f(x^2+1)=\log_a\left(4-x^2\right)(a>1)$，则 $f(x)$ 的值域是____________.

题 3：设实数 x，y 满足 $x^2+2xy-1=0$，则 $x+y$ 的取值范围是__________.

题 4：方程 $\dfrac{1+3^{-x}}{1+3^x}=3$ 的解是____________.

题 5：不等式 $\log_2(2^x-1)\cdot\log_2(2^{x+1}-2)<2$ 的解集是____________.

题 6：求函数 $y=\dfrac{5}{2x^2-4x+3}$ 的值域.

题 7：已知 $a_1=2$，$a_{n+1}=4a_n+2^{n+1}$，求 a_n.

题组解析

【题 1】 设 $\sin x+\cos x=t\in[-\sqrt{2},\sqrt{2}]$，则 $y=\dfrac{t^2}{2}+t-\dfrac{1}{2}$，对称轴 $t=-1$，当 $t=\sqrt{2}$，$y_{\max}=\dfrac{1}{2}+\sqrt{2}$.

【题 2】 设 $x^2+1=t(t\geqslant 1)$，则 $f(t)=\log_a\left[-(t-1)^2+4\right]$，所以值域为 $\left(-\infty,\log_a 4\right]$.

【题 3】 设 $x+y=k$，则 $x^2-2kx+1=0$，$\Delta=4k^2-4\geqslant 0$，所以 $k\geqslant 1$ 或 $k\leqslant -1$.

【题 4】 设 $3^x=y$，则 $3y^2+2y-1=0$，解得 $y=\dfrac{1}{3}$，所以 $x=-1$.

【题 5】 设 $\log_2(2^x-1)=y$，则 $y\left(y+1\right)<2$，解得 $-2<y<1$，所以 $x\in(\log_2\dfrac{5}{4},\log_2 3)$.

【题 6】 令 $t=2x^2-4x+3=2\left(x-1\right)^2+1\geqslant 1$ $\therefore 0<\dfrac{1}{t}\leqslant 1$，$\therefore 0<y\leqslant 5$，即函数 y 的值域为 $y\in\left(0，5\right]$.

【题 7】 $a_n=4a_{n-1}+2^n$，式子两边同时除以 4^n 得 $\frac{a_n}{4^n}=\frac{a_{n-1}}{4^{n-1}}+\left(\frac{1}{2}\right)^n$，

令 $\frac{a_n}{4^n}=b_n$，则 $b_n-b_{n-1}=\left(\frac{1}{2}\right)^n$，

依此类推有 $b_{n-1}-b_{n-2}=\left(\frac{1}{2}\right)^{n-1}$，$b_{n-2}-b_{n-3}=\left(\frac{1}{2}\right)^{n-2}$，$\cdots b_2-b_1=\left(\frac{1}{2}\right)^2$，

各式叠加得 $b_n-b_1=\sum_{i=2}^{n}\left(\frac{1}{2}\right)^n$，即

$$b_n=b_1+\sum_{i=2}^{n}\left(\frac{1}{2}\right)^n=\frac{1}{2}+\sum_{i=2}^{n}\left(\frac{1}{2}\right)^n=\sum_{i=1}^{n}\left(\frac{1}{2}\right)^n=1-\left(\frac{1}{2}\right)^n.$$

$$\therefore a_n=4^n\cdot b_n=4^n\cdot\left[1-\left(\frac{1}{2}\right)^n\right]=4^n-2^n.$$

第三章　待定系数法

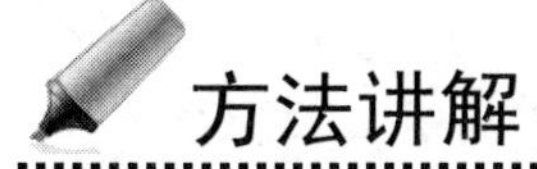

方法讲解

要确定变量间的函数关系，设计某些未知系数，然后根据所给条件来确定这些未知系数的方法叫待定系数法，其理论依据是多项式恒等，也就是利用了多项式 $f(x)=g(x)$ 的充要条件是：对于一个任意的 a 值，都有 $f(a)=g(a)$；或者两个多项式各同类项的系数对应相等.

待定系数法解题的关键是依据已知条件，正确列出等式或方程. 使用待定系数法，就是把具有某种确定形式的数学问题，通过引入一些待定的系数，转化为方程组来解决，要判断一个问题是否用待定系数法求解，主要是看所求解的数学问题是否具有某种确定的数学表达式，如果具有，就可以用待定系数法求解. 例如分解因式、拆分分式、数列求和、求函数式、求复数、解析几何中求曲线方程等，这些问题都具有确定的数学表达形式，所以都可以用待定系数法求解.

使用待定系数法，它解题的基本步骤是：

第一步，确定所求问题含有待定系数的解析式；

第二步，根据恒等的条件，列出一组含待定系数的方程；

第三步，解方程组或者消去待定系数，从而使问题得到解决.

如何列出一组含待定系数的方程，主要从以下几方面着手分析：

① 利用对应系数相等列方程；

② 由恒等的概念用数值代入法列方程；

③ 利用定义本身的属性列方程；

④ 利用几何条件列方程.

比如在求圆锥曲线的方程时，我们可以用待定系数法求方程：首先设所求方程的形式，其中含有待定的系数；再把几何条件转化为含所求方程未知系数的方程或方程组；最后解所得的方程或方程组求出未知的系数，并把求出的系数代入已经明确的方程形式，得到所求圆锥曲线的方程.

典例分析

例 1：函数 $f(x)=A\sin(\omega x+\varphi)$ $(A>0,\omega>0,|\varphi|<\dfrac{\pi}{2})$ 的部分图像如图 3-1 所示，则 ω,φ 的值分别为__________.

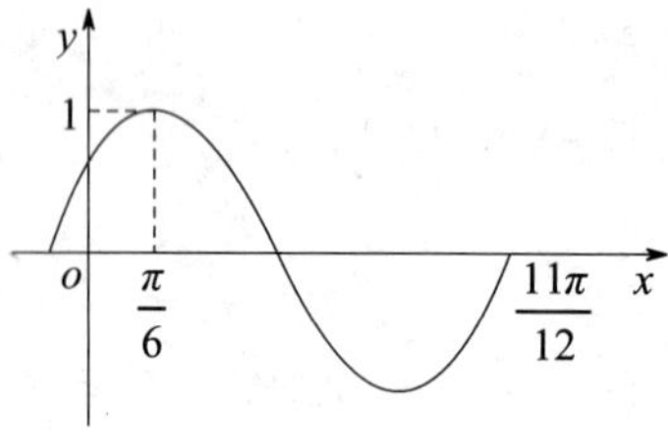

图 3-1

A. $2,0$　　B. $2,\dfrac{\pi}{4}$　　C. $2,-\dfrac{\pi}{3}$　　D. $2,\dfrac{\pi}{6}$

【解析】由图可知 $A=1$，$\dfrac{3}{4}T=\dfrac{11}{12}\pi-\dfrac{\pi}{6}=\dfrac{3}{4}\pi$，

所以 $T=\pi$，又 $T=\dfrac{2\pi}{\omega}$，

所以 $\omega=2$；又 $f(\dfrac{\pi}{6})=\sin(\dfrac{\pi}{3}+\varphi)=1$，$\dfrac{\pi}{3}+\varphi=\dfrac{\varphi}{2}+2k\pi(k\in Z)$，

又 $|\varphi|<\dfrac{\pi}{2}$，$\therefore\varphi=\dfrac{\pi}{6}$.

【答案】D

例 2：已知函数 $f(x)=a\sin x\cdot\cos x-\sqrt{3}a\cos^2 x+\dfrac{\sqrt{3}}{2}a+b\ (a>0)$.

（1）写出函数的单调递减区间；

（2）设 $x\in[0,\dfrac{\pi}{2}]$，$f(x)$ 的最小值是 -2，最大值是 $\sqrt{3}$，求实数 a,b 的值.

【解析】$f(x)=\dfrac{1}{2}a\sin 2x-\dfrac{\sqrt{3}a}{2}(1+\cos 2x)+\dfrac{\sqrt{3}}{2}a+b$

$$=\frac{a}{2}\sin 2x-\frac{\sqrt{3}a}{2}\cos 2x+b=a\sin(2x-\frac{\pi}{3})+b$$

（1）$2k\pi+\dfrac{\pi}{2}\leqslant 2x-\dfrac{\pi}{3}\leqslant 2k\pi+\dfrac{3\pi}{2}$，$k\pi+\dfrac{5\pi}{12}\leqslant x\leqslant k\pi+\dfrac{11\pi}{12}$

$\therefore [k\pi+\frac{5\pi}{12},k\pi+\frac{11\pi}{12}]$，　$k\in\mathbf{Z}$为所求.

（2）$0\leqslant x\leqslant\frac{\pi}{2},-\frac{\pi}{3}\leqslant 2x-\frac{\pi}{3}\leqslant\frac{2\pi}{3},-\frac{\sqrt{3}}{2}\leqslant\sin(2x-\frac{\pi}{3})\leqslant 1.$

$f(x)_{\min}=-\frac{\sqrt{3}}{2}a+b=-2,\quad f(x)_{\max}=a+b=\sqrt{3}.$

$$\begin{cases}-\frac{\sqrt{3}}{2}a+b=-2\\ a+b=\sqrt{3}\end{cases}\Rightarrow\begin{cases}a=2\\ b=-2+\sqrt{3}\end{cases}$$

例 3：已知点$P(x,y)$是圆$x^2+y^2=2y$上的动点，

（1）求$2x+y$的取值范围；

（2）若$x+y+a\geqslant 0$恒成立，求实数a的取值范围.

【解析】（1）设圆的参数方程为$\begin{cases}x=\cos\theta\\ y=1+\sin\theta\end{cases}$

$2x+y=2\cos\theta+\sin\theta+1=\sqrt{5}\sin(\theta+\varphi)+1.$

$\because -\sqrt{5}+1\leqslant\sqrt{5}\sin(\theta+\varphi)+1\leqslant\sqrt{5}+1,$

$\therefore -\sqrt{5}+1\leqslant 2x+y\leqslant\sqrt{5}+1$，即$2x+y$的取值范围为$[-\sqrt{5}+1,\sqrt{5}+1]$.

（2）$x+y+a=\cos\theta+\sin\theta+1+a\geqslant 0,$

$\therefore a\geqslant-(\cos\theta+\sin\theta)-1=-\sqrt{2}\sin(\theta+\frac{\pi}{4})-1\geqslant-\sqrt{2}-1$，

$\therefore$实数a的取值范围为$[-\sqrt{2}-1,+\infty)$.

例 4：实数a,b,c满足$a+b+c=1$，求$a^2+b^2+c^2$的最小值.

【分析】由$a+b+c=1$想到“均值换元法”，于是引入了新的参数，即设$a=\frac{1}{3}+t_1$，

$b=\frac{1}{3}+t_2$，$c=\frac{1}{3}+t_3$，代入$a^2+b^2+c^2$可求.

【解析】由$a+b+c=1$，设$a=\frac{1}{3}+t_1$，$b=\frac{1}{3}+t_2$，$c=\frac{1}{3}+t_3$，其中$t_1+t_2+t_3=0$，

$\therefore a^2+b^2+c^2=(\frac{1}{3}+t_1)^2+(\frac{1}{3}+t_2)^2+(\frac{1}{3}+t_3)^2$

$$=\frac{1}{3}+\frac{2}{3}(t_1+t_2+t_3)+t_1^2+t_2^2+t_3^2$$

$$=\frac{1}{3}+t_1^2+t_2^2+t_3^2\geqslant\frac{1}{3}$$ 所以 $a^2+b^2+c^2$ 的最小值是 $\frac{1}{3}$.

例 5：已知函数 $f(x)=x^2+ax+b$（$a,b\in\mathbf{R}$）的值域为 $[0,+\infty)$，若关于 x 的不等式 $f(x)<c$ 的解集为 $(m,m+6)$，则实数 c 的值为________.

【解析】因为 $f(x)$ 的值域为 $[0,+\infty)$，

所以 $\Delta=0$，即 $a^2=4b$，所以 $x^2+ax+\frac{a^2}{4}-c<0$ 的解集为 $(m,m+6)$，

易得 m，$m+6$ 是方程 $x^2+ax+\frac{a^2}{4}-c=0$ 的两根，

由一元二次方程根与系数的关系得 $\begin{cases}2m+6=-a\\ m(m+6)=\frac{a^2}{4}-c\end{cases}$

解得 $c=9$.

【答案】$c=9$.

例 6：设函数 $f(x)=\frac{1}{3}x^3-ax(a>0)$，$g(x)=bx^2+2b-1$，若曲线 $y=f(x)$ 与曲线 $y=g(x)$ 在它们的交点 $(1,c)$ 处具有公共切线，求 a，b 的值.

【解析】$f'(x)=x^2-a, g'(x)=2bx$.

因为曲线 $y=f(x)$ 与曲线 $y=g(x)$ 在它们的交点 $(1,c)$ 处具有公共切线，

所以 $f(1)=g(1)$，且 $f'(1)=g'(1)$，

即 $\frac{1}{3}-a=b+2b-1$，且 $1-a=2b$，

解得 $a=\frac{1}{3},b=\frac{1}{3}$.

例 7：已知：$a_1=1$，$n\geqslant 2$ 时，$a_n=\frac{1}{2}a_{n-1}+2n-1$，求 $\{a_n\}$ 的通项公式.

【解析】设 $a_n+An+B=\frac{1}{2}[a_{n-1}+A(n-1)+B]$，则 $a_n=\frac{1}{2}a_{n-1}-\frac{1}{2}An-\frac{1}{2}A-\frac{1}{2}B$.

$\therefore \begin{cases} -\frac{1}{2}A=2 \\ -\frac{1}{2}A-\frac{1}{2}B=-1 \end{cases}$ 解得：$\begin{cases} A=-4 \\ B=6 \end{cases}$ $\therefore a_1-4+6=3$.

$\therefore \{a_n-4n+6\}$ 是以 3 为首项，$\frac{1}{2}$ 为公比的等比数列，

$\therefore a_n-4n+6=3(\frac{1}{2})^{n-1}$ $\therefore a_n=\frac{3}{2^{n-1}}+4n-6$.

【答案】$a_n=\frac{3}{2^{n-1}}+4n-6$.

巩固题组

题 1：二次不等式 $ax^2+bx+2>0$ 的解集是 $\left(-\frac{1}{2},\frac{1}{3}\right)$，则 $a+b$ 的值是__________.

A．10　　B．－10　　C．14　　D．－14

题 2：在 $\left(1-x^3\right)(1+x)^{10}$ 的展开式中，x^5 的系数是__________.

A．－297　　B．－252　　C．297　　D．207

题 3：函数 $y=a-b\cos 3x(b<0)$ 的最大值为 $\frac{3}{2}$，最小值为 $-\frac{1}{2}$，则 $y=-4a\sin 3bx$ 的最小正周期是__________.

题 4：与直线 l：$2x+3y+5=0$ 平行且过点 $A\left(1,-4\right)$ 的直线 l' 的方程是__________.

题 5：与双曲线 $x^2-\frac{y^2}{4}=1$ 有共同的渐近线，且过点 $(2,2)$ 的双曲线的方程是________.

题 6：已知函数 $f(x)=\frac{1}{3}x^3+\frac{1}{2}ax^2+x+b(a\geqslant 0)$，$f'(x)$ 为函数 $f(x)$ 的导函数，设函数 $f(x)$ 的图像与 x 轴交点为 A，曲线 $y=f(x)$ 在 A 点处的切线方程是 $y=3x-3$，求 a,b 的值.

题 7：已知数列 $\{a_n\}$ 中，$a_1=1,a_{n+1}=2a_n+3$，求 a_n.

题组解析

【题 1】由不等式解集$\left(-\frac{1}{2},\frac{1}{3}\right)$，可知$-\frac{1}{2},\frac{1}{3}$是方程$ax^2+bx+2=0$的两根，代入两根，列出关于系数$a,b$的方程组，易求得$a+b$，选 D.

【题 2】分析x^5的系数由C_{10}^5与$(-1)C_{10}^2$两项组成，相加后得x^5的系数，选 D.

【题 3】由已知最大值和最小值列出a,b的方程组求出a,b的值，再代入求得答案$\frac{2\pi}{3}$.

【题 4】设直线l'方程$2x+3y+c=0$，点$A(1,-4)$代入求得$c=10$，

即得$2x+3y+10=0$.

【题 5】设双曲线方程$x^2-\frac{y^2}{4}=\lambda$，点$(2,2)$代入求得$\lambda=3$，即得方程$\frac{x^2}{3}-\frac{y^2}{12}=1$.

【题 6】$\because f(x)=\frac{1}{3}x^3+\frac{1}{2}ax^2+x+b(a\geqslant 0)$，$\therefore f'(x)=x^2+ax+1$.

$\because f(x)$在$(1,0)$处切线方程为$y=3x-3$，$\therefore \begin{cases} f'(1)=3 \\ f(1)=0 \end{cases}$ $\therefore a=1$，$b=-\frac{11}{6}$.

【题 7】设递推公式$a_{n+1}=2a_n+3$可以转化为$a_{n+1}-t=2(a_n-t)$，

即$a_{n+1}=2a_n-t\Rightarrow t=-3$.

故递推公式为$a_{n+1}+3=2(a_n+3)$，令$b_n=a_n+3$，

则$b_1+a_1+3=4$，且$\frac{b_{n+1}}{b_n}=\frac{a_{n+1}+3}{a_n+3}=2$

所以$\{b_n\}$是以$b_1=4$为首项、2 为公比的等比数列，

则$b_n=4\times 2^{n-1}=2^{n+1}$，所以$a_n=2^{n+1}-3$.

第四章 定义法

方法讲解

定义法，就是直接用数学定义解题．数学中的定理、公式、性质和法则等，都是由定义和公理推演出来．定义是揭示概念内涵的逻辑方法，它通过指出概念所反映的事物的本质属性来明确概念．

定义是千百次实践后的必然结果，它科学地反映和揭示了客观世界的事物的本质特点．简单地说，定义是基本概念对数学实体的高度抽象．用定义法解题，是最直接的方法，本讲让我们回到定义中去．

典例分析

例 1：试用函数单调性的定义判断函数 $f(x)=\dfrac{2x}{x-1}$ 在区间 $(0,\ 1)$ 上的单调性．

【解析】任取 $x_1,x_2\in(0,\ 1)$，且 $x_1<x_2$，则 $f(x_1)-f(x_2)=\dfrac{2x_1}{x_1-1}-\dfrac{2x_2}{x_2-1}=\dfrac{2(x_2-x_1)}{(x_1-1)(x_2-1)}$，

由于 $0<x_1<x_2<1$， $x_1-1<0$， $x_2-1<0$， $x_2-x_1>0$，

故 $f(x_1)-f(x_2)>0$，即 $f(x_1)>f(x_2)$

所以，函数 $f(x)=\dfrac{2x}{x-1}$ 在 $(0,\ 1)$ 上是单调减函数．

例 2：若点 M 到两定点 $F_1(0,\ -1)$， $F_2(0,\ 1)$ 的距离之和为 2，则点 M 的轨迹是_______．

A．椭圆　　B．直线 F_1F_2　　C．线段 F_1F_2　　D．线段 F_1F_2 的中垂线

【解析】注意到 $|F_1F_2|=2$，且 $|MF_1|+|MF_2|=2$，故点 M 只能在线段 F_1F_2 上运动，

即点M的轨迹就是线段F_1F_2，选C.

【备注】椭圆的定义中有一个隐含条件，那就是动点到两定点的距离之和必须大于两定点间的距离. 忽视这一点，就会错误地选A.

例3：已知函数$f(2x+1)$的定义域为$(0,1)$，求$f(x)$的定义域.

【解析】$f(2x+1)$的定义域为$(0,1)$，即其自变量x的取值范围是$0<x<1$，若令$t=2x+1$则$1<t<3$即关于t的函数$f(t)$的定义域为$\{t|1<t<3\}$，从而函数$f(x)$的定义域为$\{x|1<x<3\}$.

【答案】$\{x|1<x<3\}$.

例4：若奇函数$f(x)=3\sin x+c$的定义域是$[a,b]$，则$a+b+c$等于________.

A. 3　　B. −3　　C. 0　　D. 无法计算

【解析】由于函数$f(x)$是奇函数，且定义域为$[a,b]$，所以$a+b=0$，又因为$f(0)=0$，得$c=0$，于是$a+b+c=0$.

【答案】C

例5：给出下列命题：

①若$|\vec{a}|=|\vec{b}|$，则$\vec{a}=\vec{b}$；

②若A,B,C,D是不共线的四点，则$\overrightarrow{AB}=\overrightarrow{DC}$是四边形$ABCD$为平行四边形的充要条件；

③若$\vec{a}=\vec{b}$，$\vec{b}=\vec{c}$，则$\vec{a}=\vec{c}$；

④$\vec{a}=\vec{b}$的充要条件是$|\vec{a}|=|\vec{b}|$且$\vec{a}\,//\,\vec{b}$；

⑤若$\vec{a}\,//\,\vec{b}$，$\vec{b}\,//\,\vec{c}$，则$\vec{a}\,//\,\vec{c}$.

其中正确的序号是__________.

【解析】①不正确. 两个向量的长度相等，但它们的方向不一定相同.

②正确. $\because \overrightarrow{AB}=\overrightarrow{DC}$，$\therefore |\overrightarrow{AB}|=|\overrightarrow{DC}|$且$\overrightarrow{AB}\,//\,\overrightarrow{DC}$，

又 A, B, C, D 是不共线的四点，∴四边形 $ABCD$ 为平行四边形；

反之，若四边形 $ABCD$ 为平行四边形，则 $\overrightarrow{AB} // \overrightarrow{DC}$ 且 $|\overrightarrow{AB}|=|\overrightarrow{DC}|$，

因此，$\overrightarrow{AB}=\overrightarrow{DC}$.

③正确. ∵ $\vec{a}=\vec{b}$，∴ $\vec{a}$，$\vec{b}$ 的长度相等且方向相同；

又 $\vec{b}=\vec{c}$，∴ $\vec{b}, \vec{c}$ 的长度相等且方向相同，

∴ $\vec{a}$，$\vec{c}$ 的长度相等且方向相同，故 $\vec{a}=\vec{c}$.

④不正确. 当 $\vec{a} // \vec{b}$ 且方向相反时，即使 $|\vec{a}|=|\vec{b}|$，也不能得到 $\vec{a}=\vec{b}$，故 $|\vec{a}|=|\vec{b}|$ 且 $\vec{a} // \vec{b}$ 不是 $\vec{a}=\vec{b}$ 的充要条件，而是必要不充分条件.

⑤不正确. 考虑 $\vec{b}=\vec{0}$ 这种特殊情况.

【答案】②③

例 6：下面命题：

① 0 比 $-i$ 大；

② 两个复数互为共轭复数的充要条件是其和为实数；

③ $x+yi=1+i$ 的充要条件为 $x=y=1$；

④ 如果让实数 a 与 ai 对应，那么实数集与纯虚数集一一对应.

其中正确命题的个数是__________.

A. 0　　B. 1　　C. 2　　D. 3

【解析】①中实数与虚数不能比较大小；②两个复数互为共轭复数时其和为实数，但两个复数的和为实数时这两个复数不一定是共轭复数；③ $x+yi=1+i$ 的充要条件为 $x=y=1$ 是错误的，因为 x, y 未必是实数；④当 $a=0$ 时，没有纯虚数和它对应.

【答案】A

例 7：下列不等式一定成立的是__________.

A. $\lg(x^2+\frac{1}{4})>\lg x(x>0)$　　　B. $\sin x+\frac{1}{\sin x}\geqslant 2(x\neq k\pi, k\in\mathbf{Z})$

C. $x^2+1\geqslant 2|x|(x\in\mathbf{R})$　　　D. $\frac{1}{x^2+1}>1(x\in\mathbf{R})$

【解析】本题考查不等式的性质以及基本不等式的应用，解题时注意使用不等式的性质以及基本不等式成立的条件．对于 A 选项，当 $x=\frac{1}{2}$ 时，$\lg(x^2+\frac{1}{4})=\lg x$；所以 A 不一定正确；B 命题，需要满足当 $\sin x>0$ 时，不等式成立，所以 B 也不正确；C 命题显然正确；D 命题不正确，$\because x^2+1\geqslant 1$，$\therefore 0<\frac{1}{x^2+1}\leqslant 1$，所以不正确.

【答案】C

例 8：将参加夏令营的 600 名学生编号为：001，002，…，600，采用系统抽样的方法抽取一个容量为 50 的样本，且随机抽得的编号首行为 3，公差为 12 的等差数列。这 600 名学生分住在 3 个营区，从 001 到 300 住在第 1 营区，从 301 到 495 住在第 2 营区，从 496 到 600 住在第 3 营区，则 3 个营区被抽中的人数依次为__________.

A．26，16，8　　B．25，16，9　　C．25，17，8　　D．24，17，9

【解析】由题意知，被抽中的学生的编号构成以 3 为首项，12 为公差的等差数列 $\{a_n\}$，其通项 $a_n=12n-9(1\leqslant n\leqslant 50, n\in N)$．令 $1\leqslant 12n-9\leqslant 300$，得 $1\leqslant n\leqslant 25$，故第 1 营区被抽中的人数为 25；令 $301\leqslant 12n-9\leqslant 495$，得 $26\leqslant n\leqslant 42$，故第 2 营区被抽中的人数为 17；令 $496\leqslant 12n-9\leqslant 600$，得 $43\leqslant n\leqslant 50$，故第 3 营区被抽中的人数为 8.

【答案】C

例 9：在 2013 年 3 月 15 日，某个物价部门对本市物价部门对本市的 5 加商场的某商品的一天销量及其价格进行调查，5 家商场的售价 x 与销售量 y 之间的一组数据如表 4-1 所示：

表 4-1

价格 x/元	9	9.5	10	10.5	11
销售量 y/件	11	10	8	6	5

由散点图可知，销售量 y 价格 x 之间有较好的线性相关关系，且直线回归方程是 $\hat{y}=-3.2x+\hat{a}$，则 $\hat{a}=$__________.

A. -24　　B. 35.6　　C. 40.5　　D. 40

【答案】D

【解析】$\bar{x}=\dfrac{9+9.5+10+10.5+11}{5}=10$，$\bar{y}=\dfrac{11+10+8+6+5}{5}=8$，因为回归直线方程经过点 $(\bar{x},\bar{y})$，即点 $(10,8)$，所以 $\hat{a}=\bar{y}+3.2\bar{x}=40$.

例 10：已知角 α 的终边上一点 $P(-\sqrt{3},m)\ (m\neq 0)$，且 $\sin\alpha=\dfrac{\sqrt{2}m}{4}$，求 $\cos\alpha,\tan\alpha$ 的值.

【解析】由题意知 $x=-\sqrt{3},y=m$，

$\therefore r^2=|OP|=(-\sqrt{3})^2+m^2$，$r=\sqrt{3+m^2}$.

从而 $\sin\alpha=\dfrac{m}{r}=\dfrac{\sqrt{2}m}{4}=\dfrac{m}{2\sqrt{2}}$，

$\therefore r=\sqrt{3+m^2}=2\sqrt{2}$，于是 $3+m^2=8$，解得 $m=\pm\sqrt{5}$.

当 $m=\sqrt{5}$ 时，$r=2\sqrt{2}$，$x=-\sqrt{3}$，$y=\sqrt{5}$.

$\therefore \cos\alpha=\dfrac{-\sqrt{3}}{2\sqrt{2}}=-\dfrac{\sqrt{6}}{4}$，$\tan\alpha=-\dfrac{\sqrt{15}}{3}$.

当 $m=-\sqrt{5}$ 时，$r=2\sqrt{2}$，$x=-\sqrt{3}$，$y=-\sqrt{5}$.

$\therefore \cos\alpha=-\dfrac{\sqrt{3}}{2\sqrt{2}}=-\dfrac{\sqrt{6}}{4}$，$\tan\alpha=\dfrac{\sqrt{15}}{3}$.

例 11：如图 4-1，一个正五角星薄片（其对称轴与水面垂直）匀速地升出水面，记 t 时刻五角星露出水面部分的图形面积为 $s(t)\left(s(0)=0\right)$，则导函数 $y=s'(t)$ 的图像大致为__________.

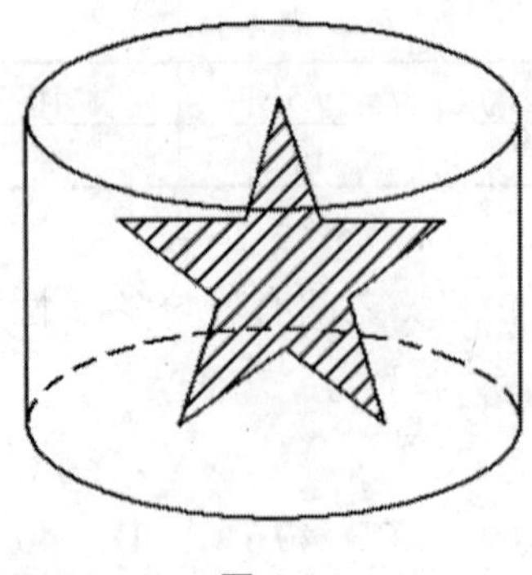

图 4-1

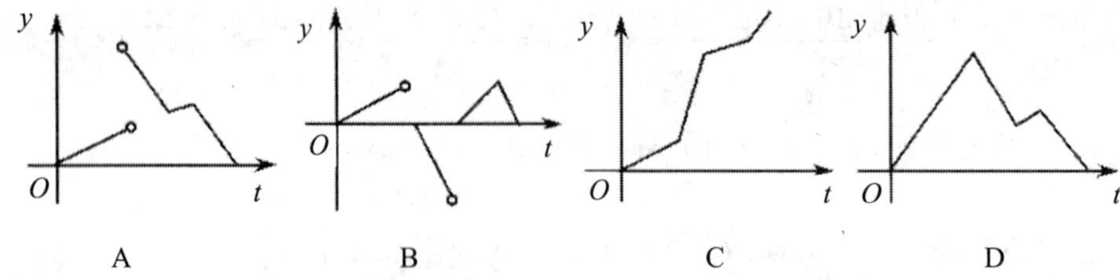

【解析】由导数的定义知，$S'(t_0)$ 表示面积函数 $S(t_0)$ 在 t_0 时刻的瞬时变化率.

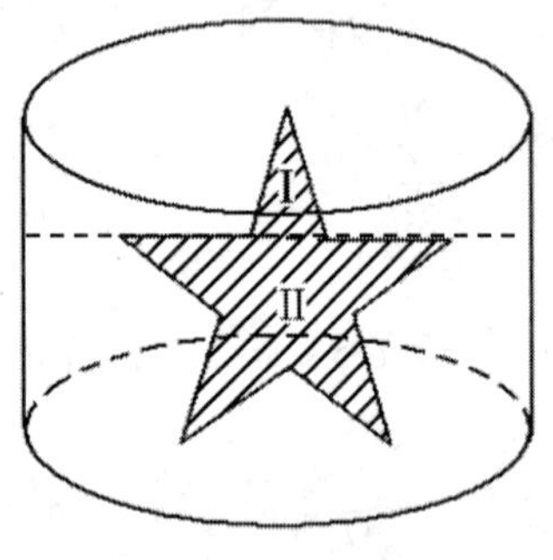

图 4-2

如图 4-2，正五角星薄片中首先露出水面的区域Ⅰ，此时其面积 $S(t)$ 随时间增大在逐渐增大，且增长速度越来越快，故其瞬时变化率 $S'(t)$ 也应逐渐增大；当露出的是区域Ⅱ时，此时的 $S(t)$ 应突然增大，然后增大速度减慢，但仍为增函数，故其瞬时变化率 $S'(t)$ 也随之突然变大，再逐渐变小，但 $S'(t)>0$（故可排除 B）；当五角星薄片全部露出水面后，$S(t)$ 的值不再变化，故其导数值 $S'(t)$ 最终应等于 0，符合上述特征的只有选项 A.

【答案】A

例 12： 函数 $f(x)=\begin{cases}x,x\in P\\-x,x\in M\end{cases}$，其中 P，M 为实数集 $\mathbf{R}$ 的两个非空子集，又规定

$f(P)=\{y\mid y=f(x),x\in P\}$，$f(M)=\{y\mid y=f(x),x\in M\}$，给出下列四个判断：

① 若 $P\cap M=\varnothing$，则 $f(P)\cap f(M)=\varnothing$.

② 若 $P\cap M\neq\varnothing$，则 $f(P)\cap f(M)\neq\varnothing$.

③ 若 $P\cup M=\mathbf{R}$，则 $f(P)\cup f(M)=\mathbf{R}$.

④ 若 $P\cup M\neq\mathbf{R}$，则 $f(P)\cup f(M)\neq\mathbf{R}$.

其中正确判断有__________.

A. 1个　B. 2个　C. 3个　D. 4个

【解析】∵函数 $f(x)=\begin{cases}x,x\in P\\-x,x\in M\end{cases}$，

∴ $f(P)=\{y\mid y=f(x),x\in P\}=\{y\mid y=x,x\in P\}=P\neq\varnothing$.

$f(M)=\{y\mid y=f(x),x\in M\}=\{y\mid y=-x,x\in M\}\neq\varnothing$.

当 $P\cap M\neq\varnothing$ 时，有且只有 $P\cap M=\{0\}$.

∴ $0\in f(P)\cap f(M)\neq\varnothing$. 故②正确.

当 $P\cap M=\varnothing$ 时，可以列举 P,M，

$f(M)=\{y\mid y=f(x),x\in M\}$ 的某些或全部元素有可能在 P 中. 故①错.

当 $P\cup M=\mathbf{R}$ 时，可以列举 P,M，或若 $0\notin M$，

则 $f(M)=\{y\mid y=f(x),x\in M\}\subseteq f(P)$，

∴ $f(P)\cup f(M)\neq\mathbf{R}$. 故③错.

当 $P\cup M\neq\mathbf{R}$ 时，存在 $a\notin P\cup M$，则 $a\notin f(P),a\notin f(M)$,

从而 $a\notin f(P)\cup f(M)\neq\mathbf{R}$.

故④正确.

综上，正确判断有 2 个，故选 B.

【答案】B

巩固题组

题 1：若函数 $y=\left(a^2-5a+5\right)\cdot a^x$ 是指数函数，则有________.

A. $a=1$ 或 $a=4$　　B. $a=1$　　C. $a=4$　　D. $a>0$ 且 $a\neq 1$

题 2：下列可作为函数 $y=f(x)$ 的图像的是________.

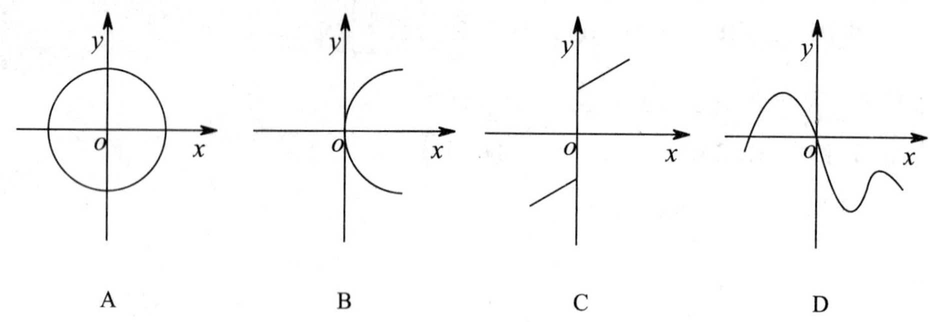

题 3：设 MP , OM , AT 分别是 46°角的正弦线、余弦线和正切线，则_____.

A. $MP<OM<AT$　　B. $OM<MP<AT$

C. $AT<OM<MP$　　D. $OM<AT<MP$

题 4：给定集合，定义 $A\oplus B=\left\{x\mid x=m-n,m\in A,n\in B\right\}$ ，若 $A=\left\{4,5,6\right\},B=\left\{1,2,3\right\}$ ，

则集合 $A\oplus B$ 中的所有元素之和为________.

A. 15　B. 14　C. 29　D. −14

题 5：设 $f\left(x\right)$ 是定义在 R 上的奇函数，当 $x\leqslant 0$ 时， $f\left(x\right)=2x^2-x$ ，则 $f\left(1\right)=$_____.

A. −3　B．−1　C. 1　D. 3

题 6：奇函数 $f(x)$ 的最小正周期为 T ，则 $f(-\frac{T}{2})$ 的值为_____.

A. T　B. 0　C. $\frac{T}{2}$　D. 不能确定

题 7：正三棱台的侧棱与底面成 45° 角，则其侧面与底面所成角的正切值为_____.

题 8：抛物线 $x^2=4y$ 上一点 A 的纵坐标是 4，则点 A 与抛物线焦点的距离为_____.

A. 5　B. 4　C. 3　D. 2

题 9：若函数 $f(x)$ 是幂函数，且满足 $\frac{f(4)}{f(2)}=3$ ，则 $f\left(\frac{1}{2}\right)$ 的值为_____.

A．-3　　B．$-\frac{1}{3}$　　C．3　　D．$\frac{1}{3}$

题 10：如图 4-3，函数 $f(x)$ 的图像是折线段 ABC，其中 A，B，C 的坐标分别为 $(0，4)$，$(2，0)$，$(6，4)$，则 $f'(1)=$_____；$\lim\limits_{\Delta x\to 0}\frac{f(1+\Delta x)-f(1)}{\Delta x}=$_____.（用数字作答）

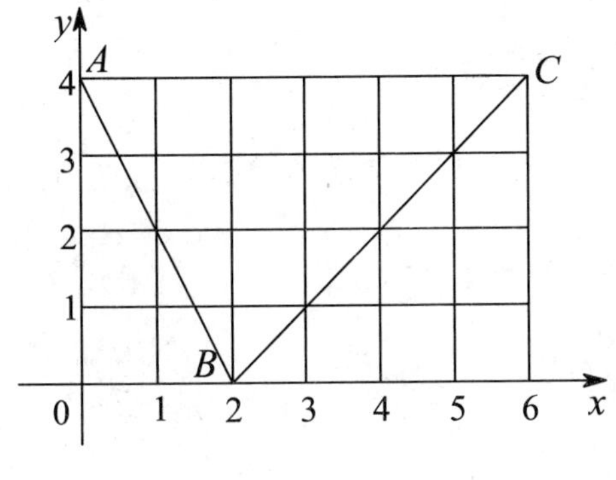

图 4-3

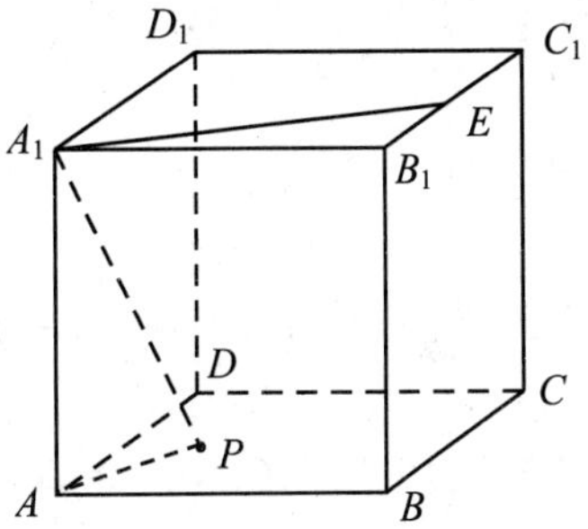

图 4-4

题 11：如图 4-4，正方体 $ABCD-A_1B_1C_1D_1$ 中，E 是棱 B_1C_1 的中点，动点 P 在底面 $ABCD$ 内，且 $PA_1=A_1E$，则点 P 运动形成的图形是________.

A．线段　　B．圆弧　　C．椭圆的一部分　　D．抛物线的一部分

题 12：如图 4-5，在平面直角坐标系 xOy 中，以 x 轴为始边作两个锐角 α,β，它们的终边分别与单位圆交于 A,B 两点．已知 A,B 的横坐标分别为 $\frac{\sqrt{5}}{5},\frac{7\sqrt{2}}{10}$．

（1）求 $\tan(\alpha+\beta)$ 的值；

（2）求 $2\alpha+\beta$ 的值．

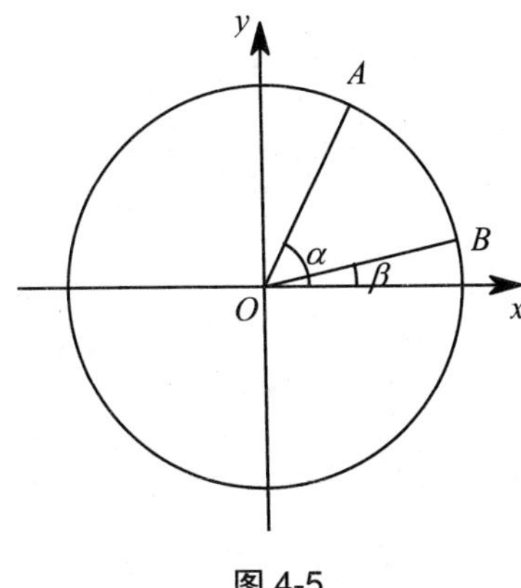

图 4-5

题组解析

【题 1】 C

【题 2】 D

【题 3】 利用三角函数线定义，作出图形，选 B.

【题 4】 $A\oplus B=\{3,4,5,2,1\}$，$3+4+5+2+1=15$．答案选 A.

【题 5】 $f(1)=-f(-1)=-[2(-1)^2-(-1)]=-3$，故选 A.

【题 6】 利用周期函数、奇函数的定义得到 $f(-\frac{T}{2})=f(\frac{T}{2})=-f(-\frac{T}{2})$，选 B.

【题 7】 利用线面角、面面角的定义，正切值为 2.

【题 8】 抛物线的定义到焦点的距离与到准线的距离相等，抛物线的准线方程为 $y=-1$，$d=4-(-1)=5$，故选 A.

【题 9】 设 $f(x)=x^{\alpha}$，则由 $\dfrac{f(4)}{f(2)}=3$，得 $\dfrac{4^{\alpha}}{2^{\alpha}}=3$，

$\therefore 2^{\alpha}=3$，$\therefore f\left(\dfrac{1}{2}\right)=\left(\dfrac{1}{2}\right)^{\alpha}=\dfrac{1}{3}$.

【题 10】 $f(0)=4$，$f(4)=2$；由导数的几何意义知 $\lim\limits_{\Delta x\to 0}\dfrac{f(1+\Delta x)-f(1)}{\Delta x}=-2$.

【题 11】 B，由于 $\Delta A_1AP\cong\Delta A_1B_1E$，所以 $AP=B_1E$ 为定值，所以点 P 运动形成的图形是以点 A 为圆心的一段圆弧，选 B.

【题 12】（1）由已知得：$\cos\alpha=\dfrac{\sqrt{5}}{5},\cos\beta=\dfrac{7\sqrt{2}}{10}$.

$\because \alpha,\beta$ 为锐角，

$\therefore \sin\alpha=\dfrac{2\sqrt{5}}{5},\sin\beta=\dfrac{\sqrt{2}}{10}$.

$\therefore \tan\alpha=2,\tan\beta=\dfrac{1}{7}$.

$$\tan(\alpha+\beta)=\frac{\tan\alpha+\tan\beta}{1-\tan\alpha\cdot\tan\beta}=\frac{2+\frac{1}{7}}{1-2\times\frac{1}{7}}=3.$$

（2）$\because \tan 2\alpha=\frac{2\tan\alpha}{1-\tan^2\alpha}=\frac{4}{1-4}=-\frac{4}{3}$

$$\therefore \tan(2\alpha+\beta)=\frac{\tan 2\alpha+\tan\beta}{1-\tan 2\alpha\cdot\tan\beta}=\frac{-\frac{4}{3}+\frac{1}{7}}{1-(-\frac{4}{3})\times\frac{1}{7}}=-1.$$

$\because \alpha,\beta$ 为锐角，

$\therefore 0<2\alpha+\beta<\frac{3\pi}{2}$，

$\therefore 2\alpha+\beta=\frac{3\pi}{4}$.

第五章　参数法

方法讲解

参数法是指在解题过程中，通过适当引入一些与题目研究的数学对象发生联系的新变量（参数），以此作为媒介，再进行分析和综合，从而解决问题．直线与二次曲线的参数方程都是用参数法解题的例证．换元法也是引入参数的典型例子．

辩证唯物论肯定了事物之间的联系是无穷的，联系的方式是丰富多彩的，科学的任务就是要揭示事物之间的内在联系，从而发现事物的变化规律．参数的作用就是刻画事物的变化状态，揭示变化因素之间的内在联系．参数体现了近代数学中运动与变化的思想，其观点已经渗透到中学数学的各个分支．运用参数法解题已经比较普遍．

参数法解题的关键是恰到好处地引进参数，沟通已知和未知之间的内在联系，利用参数提供的信息，顺利地解答问题．

典例分析

例： 已知点 $P(x,y)$ 是圆 $x^2+y^2=2y$ 上的动点，

（1）求 $2x+y$ 的取值范围；

（2）若 $x+y+a\geqslant 0$ 恒成立，求实数 a 的取值范围．

【解析】（1）设圆的参数方程为 $\begin{cases}x=\cos\theta\\ y=1+\sin\theta\end{cases}$

$$2x+y=2\cos\theta+\sin\theta+1=\sqrt{5}\sin(\theta+\varphi)+1.$$

$$\because -\sqrt{5}+1\leqslant\sqrt{5}\sin(\theta+\varphi)+1\leqslant\sqrt{5}+1,$$

$\therefore -\sqrt{5}+1\leqslant 2x+y\leqslant\sqrt{5}+1$，即 $2x+y$ 的取值范围为 $[-\sqrt{5}+1,\sqrt{5}+1]$．

（2）$x+y+a=\cos\theta+\sin\theta+1+a\geqslant 0$，

$\therefore a\geqslant -(\cos\theta+\sin\theta)-1=-\sqrt{2}\sin(\theta+\frac{\pi}{4})-1\geqslant -\sqrt{2}-1$，

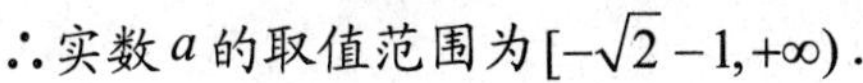
∴实数 a 的取值范围为 $[-\sqrt{2}-1,+\infty)$．

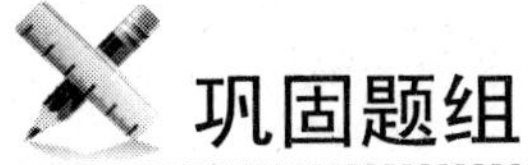

巩固题组

题 1：设 $2^x=3^y=5^z>1$，则 $2x,3y,5z$ 从小到大排列是______________．

题 2：（1）直线 $\begin{cases}x=-2-\sqrt{2}t\\y=3+\sqrt{2}t\end{cases}$ 上与点 $A(-2,3)$ 的距离等于 $\sqrt{2}$ 的点的坐标是________．

（2）若 $k<-1$，则圆锥曲线 $x^2-ky^2=1$ 的离心率是_________．

注：（1）可作理科生使用；（2）可作文科生使用．

题 3：点 Z 在虚轴上移动，则复数 $C=Z^2+1+2i$ 在复平面上对应的轨迹图像为______．

题 4：三棱锥的三个侧面互相垂直，它们的面积分别是 6、4、3，则其体积为______．

题 5：设函数 $f(x)$ 对任意的 $x,y\in R$，都有 $f(x+y)=f(x)+f(y)$，且当 $x>0$ 时，$f(x)<0$，则 $f(x)$ 的 R 上是______函数．（填“增”或“减”）

题 6：椭圆 $\frac{x^2}{16}+\frac{y^2}{4}=1$ 上的点到直线 $x+2y-\sqrt{2}=0$ 的最大距离是_____．

A．3　　B．$\sqrt{11}$　　C．$\sqrt{10}$　　D．$2\sqrt{2}$

题组解析

【题 1】　设 $2^x=3^y=5^z=t$，分别取 2、3、5 为底的对数，解出 x,y,z 再用“比较法”对 $2x,3y,5z$ 比较，得出 $3y<2x<5z$．

【题 2】　（1）$A(-2,3)$ 为 $t=0$ 时，所求点为 $t=\pm\sqrt{2}$ 时，即 $(-4,5)$ 或 $(0,1)$．

（2）已知曲线为椭圆，$a=1$，$c=\sqrt{1+\frac{1}{k}}$，所以$e=-\frac{1}{k}\sqrt{k^2+k}$.

【题 3】设$z=bi$，则$C=1-b^2+2i$，所以图像为从$(1,2)$出发平行于x轴向右的射线.

【题 4】设三条侧棱x，y，z则$\frac{1}{2}xy=6$、$\frac{1}{2}yz=4$、$\frac{1}{2}xz=3$，所以$xyz=24$，体积为 4.

【题 5】 $f(0)=0$，$f(0)=f(x)+f(-x)$，所以$f(x)$是奇函数，答案：减.

【题 6】 设$x=4\sin\alpha$、$y=2\cos\alpha$，再求$d=\frac{|4\sin\alpha+4\cos\alpha-\sqrt{2}|}{\sqrt{5}}$的最大值，选 C.

第六章 数学归纳法

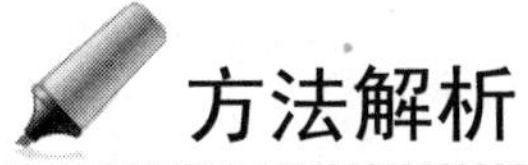

方法解析

归纳是一种有特殊事例导出一般原理的思维方法. 归纳推理分完全归纳推理与不完全归纳推理两种. 不完全归纳推理只根据一类事物中的部分对象具有的共同性质，推断该类事物全体都具有的性质，这种推理方法，在数学推理论证中是不允许的. 完全归纳推理是在考查了一类事物的全部对象后归纳得出结论来.

数学归纳法是用来证明某些与自然数有关的数学命题的一种推理方法，在解数学题中有着广泛的应用. 它是一个递推的数学论证方法，论证的第一步是证明命题在 $n=1$（或 n_0）时成立，这是递推的基础；第二步是假设在 $n=k$ 时命题成立，再证明 $n=k+1$ 时命题也成立，这是无限递推下去的理论依据，它判断命题的正确性能否由特殊推广到一般，实际上它使命题的正确性突破了有限，达到无限. 这两个步骤密切相关，缺一不可，完成了这两步，就可以断定"对任何自然数（或 $n \geqslant n_0$ 且 $n \in N$）结论都正确". 由这两步可以看出，数学归纳法是由递推实现归纳的，属于完全归纳.

运用数学归纳法证明问题时，关键是 $n=k+1$ 时命题成立的推证，此步证明要具有目标意识，注意与最终要达到的解题目标进行分析比较，以此确定和调控解题的方向，使差异逐步减小，最终实现目标完成解题.

运用数学归纳法，可以证明下列问题：与自然数 n 有关的恒等式、代数不等式、三角函数不等式、数列问题、几何问题、整除性问题等等.

典例分析

例 1：数学归纳法证明： $1^2+2^2+3^2+\cdots+n^2=\dfrac{n(n+1)(2n+1)}{6}$.

【解析】（1）当 $n=1$ 时，左边 $=1^2=1$，右边 $=\dfrac{1\times2\times3}{6}=1$，等式成立.

（2）假设当 $n=k$ 时，等式成立，即 $1^2+2^2+3^2+\cdots+k^2=\dfrac{k(k+1)(2k+1)}{6}$

那么，当 $n=k+1$ 时，$1^2+2^2+3^2+\cdots+k^2+(k+1)^2$

$$=\frac{k(k+1)(2k+1)}{6}+(k+1)^2=\frac{k(k+1)(2k+1)+6(k+1)^2}{6}=\frac{(k+1)(2k^2+7k+6)}{6}$$

$$=\frac{(k+1)(k+2)(2k+3)}{6}=\frac{(k+1)[(k+1)+1][2(k+1)+1]}{6}.$$

等式也成立.

例 2：数学归纳法证明 $1^3+2^3+3^3+\cdots+n^3=\left[\frac{n(n+1)}{2}\right]^2$.

【解析】（1）当 $n=1$ 时，左边 $1^3=1$，右边 $\left[\frac{1\times(1+1)}{2}\right]^2=1$，等式成立.

（2）假设当 $n=k$ 时，等式成立，即 $1^3+2^3+3^3+\cdots+k^3=\left[\frac{k(k+1)}{2}\right]^2$

那么，当 $n=k+1$ 时，$1^3+2^3+3^3+\cdots+k^3+(k+1)^3=\left[\frac{k(k+1)}{2}\right]^2+(k+1)^3$

$$=(k+1)^2\left[\frac{k^2}{4}+(k+1)\right]=(k+1)^2\left[\frac{k+2}{2}\right]^2=\left[\frac{(k+1)(k+2)}{2}\right]^2.$$

等式也成立.

例 3：由正实数组成的数列 $\{a_n\}$ 满足：$a_n^{\ 2}\leqslant a_n-a_{n+1}$，$n=1,2,\cdots$. 证明：对任意 $n\in\mathbf{N}$，都有 $a_n<\frac{1}{n}$.

【解析】用数学归纳法.

由 $a_1^{\ 2}\leqslant a_1-a_2<a_1$，于是 $a_1<1$.

同时 $a_2\leqslant a_1-a_1^{\ 2}=-(a_1-\frac{1}{2})^2+\frac{1}{4}\leqslant\frac{1}{4}<\frac{1}{2}$，因此 $n=1,2$ 时结论成立.

假设 $n=k(k\geqslant 2)$ 时，结论成立，即 $a_k<\frac{1}{k}$.

当 $n=k+1$ 时，由 $a_k^{\ 2}\leqslant a_k-a_{k+1}$ 得：

$a_{k+1}\leqslant a_k-a_k^{\ 2}=-(a_k-\frac{1}{2})^2+\frac{1}{4}$，结合 $a_k<\frac{1}{k}(k\geqslant 2)$

可得 $a_{k+1}<-(\frac{1}{k}-\frac{1}{2})^2+\frac{1}{4}=\frac{k-1}{k^2}<\frac{k-1}{k^2-1}=\frac{1}{k+1}$

即结论对 $n=k+1$ 也成立.

综上可知对任意 $n\in\mathbf{N}$，都有 $a_n<\frac{1}{n}$.

巩固题组

题 1：用数学归纳法证明 $1+\frac{1}{2}+\frac{1}{3}+\cdots+\frac{1}{2^n-1}<n\ (n>1)$ 时，由 $n=k\ (k>1)$ 不等式成立，推证 $n=k+1$ 时，左边应增加的代数式的个数是_____.

A．2^{k-1}　　B．2^k-1　　C．2^k　　D．2^k+1

题 2：某个命题与自然数 n 有关，若 $n=k\ (k\in\mathbf{N})$ 时该命题成立，那么可推得 $n=k+1$ 时该命题也成立．现已知当 $n=5$ 时该命题不成立，那么可推得______.

A．当 $n=6$ 时该命题不成立　　B．当 $n=6$ 时该命题成立

C．当 $n=4$ 时该命题不成立　　D．当 $n=4$ 时该命题成立

题 3：数列 $\{a_n\}$ 中，已知 $a_1=1$，当 $n\geqslant 2$ 时 $a_n=a_{n-1}+2n-1$，猜想 a_n 的表达式是_____.

A．$3n-2$　　B．n^2　　C．3^{n-1}　　D．$4n-3$

题 4：用数学归纳法证明 $3^{4n+2}+5^{2n+1}\ (n\in\mathbf{N})$ 能被 14 整除，当 $n=k+1$ 时对于式子 $3^{4(k+1)+2}+5^{2(k+1)+1}$ 应变形为________________.

题 5：已知数列 $\{a_n\}$ 各项都是正数，且满足 $a_0=1$，$a_{n+1}=\frac{1}{2}a_n(4-a_n)$，$n\in\mathbf{N}$.

证明：$a_n<a_{n+1}<2$.

题 6：设数列 $\{a_n\}$ 的前 n 项和为 S_n，对一切 $n\in\mathbf{N}$，点 $\left(n,\frac{S_n}{n}\right)$ 都在函数 $f(x)=x+\frac{a_n}{2x}$ 的图像上.

求 a_1，a_2，a_3 的值，猜想 a_n 的表达式，并用数学归纳法证明.

题组解析

【题 1】 $(2^{k+1}-1)-(2^{k}-1)=2^{k}$，选 C.

【题 2】 原命题与逆否命题等价，若 $n=k+1$ 时命题不成立，则 $n=k$ 命题不成立，选 C.

【题 3】 选 B.

【题 4】 答案 $(3^{4k+2}+5^{2k+1})3^{4}+5^{2k+1}(5^{2}-3^{4})$.

【题 5】 用数学归纳法

a）当 $n=1$ 时，$a_0=1$，$a_1=\frac{1}{2}(4-1)=\frac{3}{2}$，此时，$a_0<a_1<2$，命题正确.

b）假设 $n=k$ 时有 $a_{k-1}<a_k<2$.

则 $n=k+1$ 时，
$$a_{k+1}-a_k=\frac{1}{2}a_k(4-a_k)-\frac{1}{2}a_{k-1}(4-a_{k-1})$$
$$=2(a_k-a_{k-1})-\frac{1}{2}(a_k-a_{k+1})(a_k+a_{k-1})$$
$$=\frac{1}{2}(a_k-a_{k-1})(4-a_k-a_{k-1})$$

又 $a_k-a_{k-1}>0$，因为 $a_{k-1}<a_k<2$，所以 $4-a_{k-1}-a_k>0$，所以 $a_{k+1}>a_k$.

$a_{k+1}=\frac{1}{2}a_k(4-a_k)=\frac{1}{2}\left[4-(a_k-2)^2\right]<2$.

当 $n=k+1$ 时命题正确.

综上，对一切 $n\in\mathbf{N}$ 时有 $a_n<a_{n+1}<2$.

【题 6】 因为点 $\left(n,\frac{S_n}{n}\right)$ 在函数 $f(x)=x+\frac{a_n}{2x}$ 的图像上，故 $\frac{S_n}{n}=n+\frac{a_n}{2n}$，

所以 $S_n=n^2+\frac{1}{2}a_n$.

令 $n=1$，得 $a_1=1+\frac{1}{2}a_1$，所以 $a_1=2$；

令 $n=2$，得 $a_1+a_2=4+\frac{1}{2}a_2$，所以 $a_2=4$；

令 $n=3$，得 $a_1+a_2+a_3=9+\frac{1}{2}a_3$，所以 $a_3=6$.

由此猜想：$a_n = 2n$．用数学归纳法证明如下：

①当 $n=1$ 时，有上面的求解知，猜想成立．

②假设 $n=k\ (k\geqslant 1)$ 时猜想成立，即 $a_k = 2k$ 成立，

则当 $n=k+1$ 时，注意到 $S_n = n^2 + \frac{1}{2}a_n\ (n \in \mathbf{N})$，

故 $S_{k+1} = (k+1)^2 + \frac{1}{2}a_{k+1}$，$S_k = k^2 + \frac{1}{2}a_k$．

两式相减，得 $a_{k+1} = 2k+1+\frac{1}{2}a_{k+1} - \frac{1}{2}a_k$，所以 $a_{k+1} = 4k+2-a_k$．

由归纳假设得，$a_k = 2k$，故 $a_{k+1} = 4k+2-a_k = 4k+2-2k = 2(k+1)$．

这说明 $n=k+1$ 时，猜想也成立．

由①②知，对一切 $n \in \mathbf{N}$，$a_n = 2n$ 成立．

第七章　反证法

方法讲解

与前面所讲的方法不同，反证法是属于“间接证明法”一类，是从反面的角度思考问题的证明方法，即：肯定题设而否定结论，从而导出矛盾推理而得. 法国数学家阿达玛(Hadamard)对反证法的实质作过概括：“若肯定定理的假设而否定其结论，就会导致矛盾”. 具体地讲，反证法就是从否定命题的结论入手，并把对命题结论的否定作为推理的已知条件，进行正确的逻辑推理，使之得到与已知条件、已知公理、定理、法则或者已经证明为正确的命题等相矛盾，矛盾的原因是假设不成立，所以肯定了命题的结论，从而使命题获得了证明.

反证法所依据的是逻辑思维规律中的“矛盾律”和“排中律”. 在同一思维过程中，两个互相矛盾的判断不能同时都为真，至少有一个是假的，这就是逻辑思维中的“矛盾律”；两个互相矛盾的判断不能同时都假，或同时都真，简单地说“A 或者非 A”，这就是逻辑思维中的“排中律”. 反证法在其证明过程中，得到矛盾的判断，根据“矛盾律”，这些矛盾的判断不能同时为真，必有一假，而已知条件、已知公理、定理、法则或者已经证明为正确的命题都是真的，所以“否定的结论”必为假. 再根据“排中律”，结论与“否定的结论”这一对立的互相否定的判断不能同时为假，必有一真，于是我们得到原结论必为真. 所以反证法是以逻辑思维的基本规律和理论为依据的，反证法是可信的.

反证法的证题模式可以简要地概括为“否定→推理→否定”. 即从否定结论开始，经过正确无误的推理导致逻辑矛盾，达到新的否定，可以认为反证法的基本思想就是“否定之否定”. 应用反证法证明的主要三步是：否定结论 → 推导出矛盾 → 结论成立. 实施的具体步骤是：

第一步，反设：作出与求证结论相反的假设；

第二步，归谬：将反设作为条件，并由此通过一系列的正确推理导出矛盾；

第三步，结论：说明反设不成立，从而肯定原命题成立.

在应用反证法证题时，一定要用到“反设”进行推理，否则就不是反证法. 用反证法证题时，如果欲证明的命题的方面情况只有一种，那么只要将这种情况驳倒了就可以，这种反证法又叫“归谬法”；如果结论的方面情况有多种，那么必须将所有的反面情况一一驳倒，才能推断原结论成立，这种证法又叫“穷举法”.

在数学解题中经常使用反证法，牛顿曾经说过：“反证法是数学家最适当的武器之一”．一般来讲，反证法常用来证明的题型有：命题的结论以“否定形式”、“至少”或“至多”、“唯一”、“无限”形式出现的命题；或者否定结论更明显．具体、简单的命题；或者直接证明难以下手的命题，改变其思维方向，从结论入手进行反面思考，问题可能解决得十分快捷．

典例分析

例 1：设函数 $f(x)=ax^2+bx+c(a\neq 0)$ 中，a,b,c 均为整数，且 $f(0),f(1)$ 均为奇数．

求证：$f(x)=0$ 无整数根．

【解析】证明：假设 $f(x)=0$ 有整数根 n，则 $an^2+bn+c=0,(n\in Z)$

而 $f(0)$、$f(1)$ 均为奇数，即 c 为奇数，$a+b$ 为偶数，则 a、b、c 同时为奇数，或 a,b 同时为偶数，c 为奇数，当 n 为奇数时，an^2+bn 为偶数；当 n 为偶数时，an^2+bn 也为偶数，即 an^2+bn+c 为奇数，与 $an^2+bn+c=0$ 矛盾．

$\therefore f(x)=0$ 无整数根．

例 2：已知 a,b,c 均为实数，且 $a=x^2-2y+\dfrac{\pi}{2},b=y^2-2z+\dfrac{\pi}{3},c=z^2-2x+\dfrac{\pi}{6}$，

求证：a,b,c 中至少有一个大于 0．

【解析】证明：假设 a,b,c 都不大于 0，即 $a\leqslant 0,b\leqslant 0,c\leqslant 0$，得 $a+b+c\leqslant 0$，

而 $a+b+c=(x-1)^2+(y-1)^2+(z-1)^2+\pi-3\geqslant \pi-3>0$，

即 $a+b+c>0$，与 $a+b+c\leqslant 0$ 矛盾，

$\therefore a,b,c$ 中至少有一个大于 0．

例 3：求证：质数序列 $2,3,5,7,11,13,17,19,\cdots$ 是无限的．

【解析】证明：假设质数序列是有限的，序列的最后一个也就是最大质数为 P，

全部序列为 $2,3,5,7,11,13,17,19,\cdots,P$

再构造一个整数 $N=2,3,5,7,11,\cdots,P+1$，

显然 **N** 不能被 2 整除，**N** 不能被 3 整除，…**N** 不能被 P 整除，

即 **N** 不能被 $2,3,5,7,11,13,17,19,\cdots,P$ 中的任何一个整除，

所以N是个质数，而且是个大于P的质数，与最大质数为P矛盾，

即质数序列2,3,5,7,11,13,17,19,⋯是无限的.

例 4：在正方体$ABCD-A'B'C'D'$中，棱$AB,BB',B'C',C'D'$的中点分别是E，F，G，H，如图7-1所示.

（1）求证：$A'C\perp$平面EFG；

（2）判断点A,D',H,F是否共面？并说明理由.

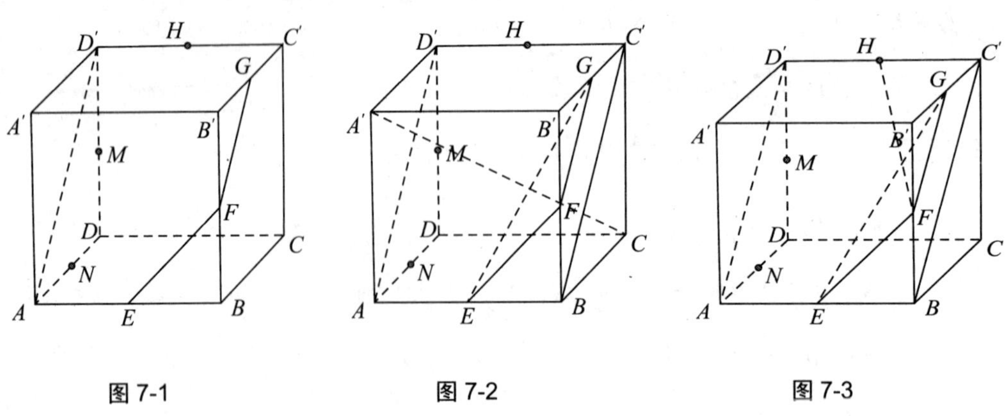

图 7-1　　图 7-2　　图 7-3

【解析】（1）证明：连接$A'C$（图7-2）.

在正方体$ABCD-A'B'C'D'$中，$A'B'\perp$平面$BCC'B'$，$BC'\subset$平面$BCC'B'$，

所以$A'B'\perp BC'$.

在正方形$BCC'B'$中，$B'C\perp BC'$，

因为$A'B'\subset$平面$A'B'C$，$B'C\subset$平面$A'B'C$，$A'B'\cap B'C=B'$，

所以$BC'\perp$平面$A'B'C$.

因为$A'C\subset$平面$A'B'C$，

所以$BC'\perp A'C$.

因为$FG//BC'$，

所以$A'C\perp FG$.

同理可证：$A'C\perp EF$.

因为$EF\subset$平面EFG，$FG\subset$平面EFG，$EF\cap FG=F$，

所以$A'C\perp$平面EFG.

（2）点A,D',H,F不共面（图7-3）. 理由如下：

假设A,D',H,F共面. 连接$C'F,AF,HF$.

由（1）知，$AD'//BC'$，

因为$BC'\subset$平面$BCC'B'$，$AD'\not\subset$平面$BCC'B'$.

所以$AD'//$平面$BCC'B'$.

因为 $C' \in D'H$，

所以平面 $AD'HF \cap$ 平面 $BCC'B' = C'F$.

因为 $AD' \subset$ 平面 $AD'HF$，

所以 $AD' \parallel C'F$.

所以 $C'F \parallel BC'$，而 $C'F$ 与 BC' 相交，矛盾.

所以点 A, D', H, F 不共面.

例 5：在单调递增数列 $\{a_n\}$ 中，$a_1 = 2$，不等式 $(n+1)a_n \geqslant na_{2n}$ 对任意 $n \in \mathbf{N}$ 都成立.

（Ⅰ）求 a_2 的取值范围；

（Ⅱ）判断数列 $\{a_n\}$ 能否为等比数列？说明理由；

（Ⅲ）设 $b_n = (1+1)(1+\frac{1}{2})\cdots(1+\frac{1}{2^n})$，$c_n = 6(1-\frac{1}{2^n})$，

求证：对任意的 $n \in \mathbf{N}^*$，$\dfrac{b_n - c_n}{a_n - 12} \geqslant 0$.

【解析】（Ⅰ）解：因为 $\{a_n\}$ 是单调递增数列，

所以 $a_2 > a_1$，$a_2 > 2$.

令 $n = 1$，$2a_1 \geqslant a_2$，$a_2 \leqslant 4$，

所以 $a_2 \in (2, 4]$.

（Ⅱ）证明：数列 $\{a_n\}$ 不能为等比数列.

用反证法证明：

假设数列 $\{a_n\}$ 是公比为 q 的等比数列，$a_1 = 2 > 0$，$a_n = 2q^{n-1}$.

因为 $\{a_n\}$ 单调递增，所以 $q > 1$.

因为 $n \in \mathbf{N}^*$，$(n+1)a_n \geqslant na_{2n}$ 都成立.

所以 $n \in \mathbf{N}^*$，$1 + \dfrac{1}{n} \geqslant q^n$ ……………………………………………①

因为 $q > 1$，所以 $\exists n_0 \in \mathbf{N}^*$，使得当 $n \geqslant n_0$ 时，$q^n > 2$.

因为 $1 + \dfrac{1}{n} \leqslant 2\ (n \in \mathbf{N})$.

所以$\exists n_0 \in \mathbf{N}^*$，当$n \geqslant n_0$时，$q^n > 1+\frac{1}{n}$，与①式矛盾，故假设不成立.

（III）证明：观察：$b_1=c_1=3$，$b_2=\frac{15}{4}<c_2=\frac{9}{2}$，$b_3=\frac{135}{32}<c_3=\frac{21}{4}$，…，

猜想：$b_n \leqslant c_n$.

用数学归纳法证明：

（1）当$n=1$时，$b_1=3 \leqslant c_1=3$成立；

（2）假设当$n=k$时，$b_k \leqslant c_k$成立；

当$n=k+1$时，$b_{k+1}=b_k(1+\frac{1}{2^{k+1}}) \leqslant c_k(1+\frac{1}{2^{k+1}})=6(1-\frac{1}{2^k})(1+\frac{1}{2^{k+1}})$

$$=6(1+\frac{1}{2^{k+1}}-\frac{1}{2^k}-\frac{1}{2^{2k+1}})$$

$$=6(1-\frac{1}{2^{k+1}}-\frac{1}{2^{2k+1}})<6(1-\frac{1}{2^{k+1}}).$$

所以$b_{k+1} \leqslant c_{k+1}$.

根据（1）（2）可知，对任意$n \in \mathbf{N}^*$，都有$b_n \leqslant c_n$，即$b_n-c_n \leqslant 0$.

由已知得，$a_{2n} \leqslant (1+\frac{1}{n})a_n$.

所以$a_{2^n} \leqslant (1+\frac{1}{2^{n-1}})a_{2^{n-1}} \leqslant \cdots \leqslant (1+\frac{1}{2^{n-1}})\cdots(1+\frac{1}{2})(1+1)a_1$.

所以当$n \geqslant 2$时，$a_{2^n} \leqslant 2b_{n-1} \leqslant 2c_{n-1}=12(1-\frac{1}{2^{n-1}})<12$.

因为$a_2<a_4<12$.

所以对任意$n \in \mathbf{N}^*$，$a_{2^n}<12$.

对任意$n \in \mathbf{N}^*$，存在$m \in \mathbf{N}^*$，使得$n<2^m$，

因为数列$\{a_n\}$单调递增，

所以$a_n<a_{2^m}<12$，$a_n-12<0$.

因为$b_n-c_n \leqslant 0$，

所以$\frac{b_n-c_n}{a_n-12} \geqslant 0$.

巩固题组

题 1：已知函数 $f(x)$ 在其定义域内是减函数，则方程 $f(x)=0$ ______.

A．至多一个实根　　B．至少一个实根　　C．一个实根　　D．无实根

题 2：已知 $\alpha\cap\beta=l$，$a\in\alpha$，$b\in\beta$，若 a,b 为异面直线，则_____.

A．a,b 都与 l 相交　　B．a,b 中至少一条与 l 相交

C．a,b 中至多有一条与 l 相交　　D．a,b 都与 l 相交

题 3：四面体的顶点与各棱中点共有 10 个点，在其中取四个不共面的点，不同取法共有________.

A．150 种　　B．147 种　　C．144 种　　D．141 种

题 4：设 $0<a,b,c<1$，求证：$(1-a)b,(1-b)c,(1-c)a$ 不可能同时大于 $\frac{1}{4}$.

题 5：已知 $a+b+c>0$，$ab+bc+ca>0$，$abc>0$，证明：$a,b,c>0$.

题组解析

【题 1】 从结论入手，假设四个选择项逐一成立，导出其中三个与特例矛盾，选 A.

【题 2】 从逐一假设选择项成立着手分析，选 B.

【题 3】 10 个点取 4 个点共有 C_{10}^4 种取法，其中 ABC 内的 6 个点任意 4 个必然共面，这样的面共有 4 个；又各棱中点共 6 个点中，有四点共面的平面有 3 个，一条棱上的三点与其对棱中点在一平面内，这样的面有 6 个，所以符合条件不共面的平面有：$C_{10}^4-4C_6^4-6-3=141$.

所以答案是 D.

【题 4】 证：设 $(1-a)b>\frac{1}{4}$，$(1-b)c>\frac{1}{4}$，$(1-c)a>\frac{1}{4}$

则三式相乘：$(1-a)b\cdot(1-b)c\cdot(1-c)a>\frac{1}{64}$ ……………………………………①

又∵ $0<a,b,c<1$

$$\therefore 0<(1-a)a \leqslant \left[\frac{(1-a)+a}{2}\right]^2=\frac{1}{4}$$

同理：$(1-b)b \leqslant \frac{1}{4}$， $(1-c)c \leqslant \frac{1}{4}$

以上三式相乘：$(1-a)b \cdot (1-b)c \cdot (1-c)a \leqslant \frac{1}{64}$与①式矛盾，

∴原式成立.

【题 5】 证：设$a<0$，$\because abc>0 \therefore bc<0$，

又由$a+b+c>0$，则$b+c>-a>0$，

$\therefore ab+bc+ca=a(b+c)+bc<0$与题设矛盾，

又：若$a=0$，则与$abc>0$矛盾，

∴必有$a>0$.

同理可证：$b>0$，$c>0$.

第二部分 思想篇

第八章　函数与方程思想

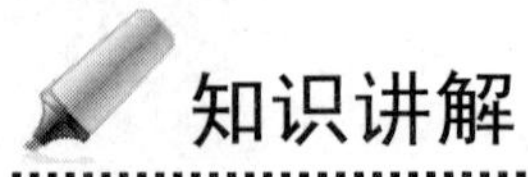

知识讲解

函数思想，就是运用运动和变化的观点，集合与对应的思想，去分析和研究数学问题中的等量关系，建立或构造函数关系，再运用函数的图像与性质去分析问题，达到转化问题的目的，从而使问题获得解决的思想.

方程思想，就是从问题的数量入手，运用数学语言将问题中的条件转化为数学模型——方程或方程组，通过解方程或方程组，或者运用方程的性质去分析、转化问题，使问题获得解决的思想.

（1）函数和方程是密切相关的，对于函数 $y=f(x)$，当 $y=0$ 时，就转化成方程 $f(x)=0$，也可把函数解析式 $y=f(x)$ 看做方程 $y-f(x)=0$．函数问题（求函数的值域等）可以转化为方程问题来求解，方程问题也可以转化为函数问题来求解，如解方程 $f(x)=0$，就是函数 $y=f(x)$ 的零点.

（2）函数与不等式也可以相互转化，对于函数 $y=f(x)$，当 $y>0$ 时，就转化为不等式 $f(x)>0$，借助与函数图像与性质解决有关问题，而研究函数的性质，也离不开解不等式.

（3）数列的通项或前 n 项和是自变量为正整数的函数，用函数的观点处理数列问题十分重要.

（4）函数 $f(x)=(ax+b)^n(n\in\mathbf{N})$ 与二项式定理是密切相关的，对这个函数用赋值法和比较系数法可以解决很多二项式定理的问题.

（5）解析几何中的许多问题，例如直线和圆锥曲线或圆的位置关系的问题，需要通过解二元方程组才能解决，涉及二次方程与二次函数有关理论.

（6）立体几何中有关线段、角、面积、体积的计算．经常需要运用列方程或建立函数表达式的方法加以解决.

典例分析

例 1：设 $P(x,y)$ 是椭圆 $x^2+4y^2=4$ 上的一个动点，有定点 $M(1,0)$，则 $|PM|^2$ 的最大值是________.

A. $\frac{2}{3}$　　B. 1　　C. 3　　D. 9

【解析】$|PM|^2=(x-1)^2+y^2=(x-1)^2+1-\frac{x^2}{4}=\frac{3}{4}x^2-2x+2=\frac{3}{4}(x-\frac{4}{3})^2+\frac{2}{3}$，

又∵ $-2\leqslant x\leqslant 2$，

∴当 $x=-2$ 时 $|PM|^2_{max}=9$.

例 2：设 $f(x)$ 是定义在 R 上的奇函数，且当 $x\geqslant 0$ 时，$f(x)=x^2$. 若对任意的 $x\in[t,t+2]$，不等式 $f(x+t)\geqslant 2f(x)$ 恒成立，则实数 t 的取值范围是________.

A. $[\sqrt{2},+\infty)$　　B. $[2,+\infty)$　　C. $(0,2]$　　D. $[-\sqrt{2},-1]\cup[\sqrt{2},\sqrt{3}]$

【解析】当 $x\geqslant 0$，$f(x)=x^2$ ∵函数是奇函数

∴当 $x<0$ 时，$f(x)=-x^2$ ∴ $f(x)=\begin{cases}x^2, & x\geqslant 0\\ -x^2, & x<0\end{cases}$

∴ $f(x)$ 在 R 上是单调递增函数，且满足 $2f(x)=f(\sqrt{2}x)$

∵不等式 $f(x+t)\geqslant f(x)=f(\sqrt{2}x)$ 在 $[t,t+2]$ 恒成立，

∴ $x+t\geqslant\sqrt{2}x$，x 在 $[t,t+2]$ 恒成立，

即：$x\leqslant(\sqrt{2}+1)t$ 在 $[t,t+2]$ 恒成立，

$t+2\leqslant(\sqrt{2}+1)t$，∴ $t\geqslant\sqrt{2}$，选 A.

例 3：函数 $f(x)=\dfrac{\sin x}{\sqrt{5+4\cos x}}$ $(0\leqslant x\leqslant 2\pi)$ 的值域是________.

A. $\left[-\frac{1}{4},\frac{1}{4}\right]$　B. $\left[-\frac{1}{3},\frac{1}{3}\right]$　C. $\left[-\frac{1}{2},\frac{1}{2}\right]$　D. $\left[-\frac{2}{3},\frac{2}{3}\right]$

【解析】由 $y=\frac{\sin x}{\sqrt{5+4\cos x}}$ 得 $y^2=\frac{\sin^2 x}{5+4\cos x}\Rightarrow 1-\cos^2 x=5y^2+4y^2\cos x$

令 $t=\cos x$，$t\in[-1,1]$，则原方程等价于方程 $t^2+4y^2t+5y^2-1=0$，在 $[-1,1]$ 上有实根.

令 $g(t)=t^2+4y^2t+5y^2-1$

因为 $g(-1)=y^2\geqslant 0$，$g(1)=9y^2\geqslant 0$

故 $\begin{cases}\Delta\geqslant 0\\ -1\leqslant -2y^2\leqslant 1\end{cases}\Rightarrow y^2\leqslant\frac{1}{4}$

以此值域为 $\left[-\frac{1}{2},\frac{1}{2}\right]$，选 C.

例 4：求函数 $y=\frac{x^2-x+3}{x^2-x+1}$ 的值域.

【解析】由 $y=\frac{x^2-x+3}{x^2-x+1}$ 变形得 $(y-1)x^2-(y-1)x+y-3=0$，

当 $y=1$ 时，此方程无解;

当 $y\neq 1$ 时，$\because x\in R$，$\therefore \Delta=(y-1)^2-4(y-1)(y-3)\geqslant 0$，

解得 $1\leqslant y\leqslant\frac{11}{3}$，又 $y\neq 1$，$\therefore 1<y\leqslant\frac{11}{3}$，

$\therefore$ 函数 $y=\frac{x^2-x+3}{x^2-x+1}$ 的值域为 $1<y\leqslant\frac{11}{3}$.

例 5：已知函数满足 $2f(x)+f(\frac{1}{x})=3x$，求函数 $f(x)$ 的解析式.

【解析】已知

$$2f(x)+f\left(\frac{1}{x}\right)=3x \quad \cdots\cdots ①$$

将①式中 x 换成 $\frac{1}{x}$ 得

$$2f\left(\frac{1}{x}\right)+f(x)=\frac{3}{x} \quad \cdots\cdots ②$$

2×①－②得 $3f(x)=6x-\frac{3}{x}$，$\therefore f(x)=2x-\frac{1}{x}$.

例 6：设函数 $f(x)=x^2-1$，对任意 $x\in\left[-\frac{3}{2},-\frac{3}{4}\right]$，$f\left(\frac{x}{m}\right)-4m^2f(x)\leqslant f(x-1)+4f(m)$ 恒成立，则实数 m 的取值范围是________.

【答案】$(-\infty,-\frac{\sqrt{3}}{2}]\cup[\frac{\sqrt{3}}{2},+\infty)$.

【解析】依据题意得 $\frac{x^2}{m^2}-1-4m^2(x^2-1)\leqslant(x-1)^2-1+4(m^2-1)$ 在 $x\in[-\frac{3}{2},-\frac{3}{4}]$ 上恒成立，即 $\frac{1}{m^2}-4m^2\leqslant-\frac{3}{x^2}-\frac{2}{x}+1$ 在 $\left[-\frac{3}{2},-\frac{3}{4}\right]$ 上恒成立.

令 $g(x)=-\frac{3}{x^2}-\frac{2}{x}+1$，$g(x)$ 在 $\left[-\frac{3}{2},-\frac{3}{4}\right]$ 上为减函数，

当 $x=-\frac{3}{4}$ 时，函数 $g(x)=-\frac{3}{x^2}-\frac{2}{x}+1$ 取得最小值 $-\frac{5}{3}$，所以 $\frac{1}{m^2}-4m^2\leqslant-\frac{5}{3}$，

即 $(3m^2+1)(4m^2-3)\geqslant 0$，解得 $m\leqslant-\frac{\sqrt{3}}{2}$ 或 $m\geqslant\frac{\sqrt{3}}{2}$，

故实数 m 的取值范围为 $(-\infty,-\frac{\sqrt{3}}{2}]\cup[\frac{\sqrt{3}}{2},+\infty)$.

例 7：函数 $y=x^2+1(0\leqslant x\leqslant 1)$ 图像上点 P 处的切线与直线 $y=0,x=0,x=1$ 围成的梯形面积等于 S，则 S 的最大值等于________.，此时点 P 的坐标是________.

【解析】根据题意设切点 $P(x_0,x_0^2+1)$，由导数的知识易得切线方程为

$y-(x_0^2+1)=2x_0(x-x_0)$，令 $x=0$ 得切线在 y 轴上的截距为 $y=1-x_0^2$，令 $x=1$ 得 $y=2x_0-x_0^2+1(0\leqslant x_0\leqslant 1)$，故 $x_0=\frac{1}{2}$ 时，梯形的面积取得最大值为 $\frac{5}{4}$，此时点 P 的坐标为 $\left(\frac{1}{2},\frac{5}{4}\right)$.

【答案】$\frac{5}{4}$，$\left(\frac{1}{2},\frac{5}{4}\right)$.

例 8：在平面直角坐标系 xOy 中，已知 $x^2+y^2-12x+32=0$ 的圆心为 Q，过点 $P(0,2)$ 且斜率为 k 的直线与圆 Q 相交于不同的两点 A,B.

（1）求 k 的取值范围；

（2）是否存在常数 k，使得向量 $\overrightarrow{OA}+\overrightarrow{OB}$ 与 $\overrightarrow{PQ}$ 共线？如果存在，求 k 值；如果不存在，说明理由.

【解析】（1）圆的方程可写成$(x-6)^2+y^2=4$，所以圆心为$Q(6,0)$.

过$P(0,2)$且斜率为k的直线方程为$y=kx+2$，

代入圆方程得$(x-6)^2+y^2=4$，整理得

$$(1+k^2)x^2+4(k-3)x+36=0 \cdots\cdots\cdots\cdots\cdots\cdots\cdots\cdots\cdots\cdots ①$$

直线与圆交于两个不同的点A,B等价于

$\triangle=[4(k-3)]^2-4\times36(1+k^2)=4(-8k^2-6k)>0$

解得$-\frac{3}{4}<k<0$，即k的取值范围为$(-\frac{3}{4},0)$.

（2）设$A(x_1,y_1)$，$B(x_2,y_2)$

则$\overrightarrow{OA}+\overrightarrow{OB}=(x_1+x_2,y_1+y_2)$.

由方程①得

$$x_1+x_2=-\frac{4(k-3)}{1+k^2} \cdots\cdots\cdots\cdots\cdots\cdots\cdots\cdots\cdots\cdots ②$$

又

$$y_1+y_2=k(x_1+x_2)+4 \cdots\cdots\cdots\cdots\cdots\cdots\cdots\cdots\cdots\cdots ③$$

而$P(0,2)$，$Q(6,0)$，$\overrightarrow{PQ}=(6,-2)$.

所以$\overrightarrow{OA}+\overrightarrow{OB}$与$\overrightarrow{PQ}$共线等价于$-2(x_1+x_2)=6(y_1+y_2)$，

将②③代入上式，解得$k=-\frac{3}{4}$.

由（1）知$k\in(-\frac{3}{4},0)$，故没有符合题意的常数k.

例 9: 如图 8-1，某单位准备修建一个面积为600平方米的矩形场地（图中$ABCD$）的围墙，且要求中间用围墙EF隔开，使得$ABEF$为矩形，$EFDC$为正方形，设$AB=x$米，已知围墙（包括EF）的修建费用均为800元每平方米，设围墙（包括EF）的修建总费用为y元.

（1）求出y关于x的函数解析式；

（2）当 x 为何值时，围墙（包括 EF ）的修建总费用 y 最小？并求出 y 的最小值.

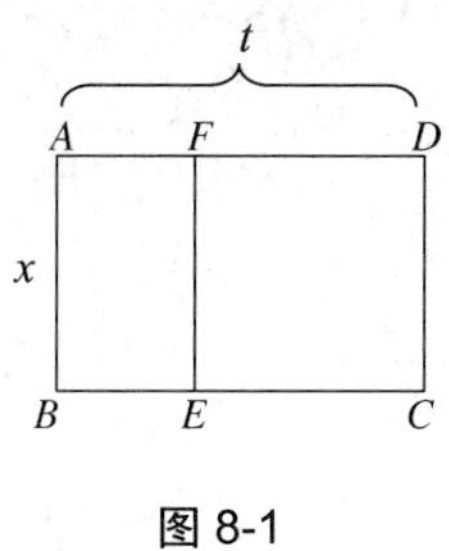

图 8-1

【解析】（1）设 $AD=tm$，则由题意，得 $xt=600$，且 $t>x$，

故 $t=\dfrac{600}{x}>x$，可得 $0<x<10\sqrt{6}$，

则 $y=800(3x+2t)=800(3x+2\times\dfrac{600}{x})=2400(x+\dfrac{400}{x})$，

$\therefore y$ 关于 x 的函数解析式为 $y=2400(x+\dfrac{400}{x}),\quad(0<x<10\sqrt{6})$.

（2）$y=2400(x+\dfrac{400}{x})\geqslant 2400\times 2\sqrt{x\cdot\dfrac{400}{x}}=96000$，

当且仅当 $x=\dfrac{400}{x}$，即 $x=20$ 时等号成立.

故当 x 为 20m 时，y 最小，y 的最小值为 96000 元.

巩固题组

题 1：方程 $\lg x+x=3$ 的解所在的区间为_____.

A．$(0,1)$　　B．$(1,2)$　　C．$(2,3)$　　D．$(3,+\infty)$

题 2：已知等差数列的前 n 项和为 S_n，且 $S_p=S_q$（$p\neq q$，p、$q\in N$），则 $S_{p+q}=$____.

题 3：关于 x 的方程 $\sin^2 x+\cos x+a=0$ 有实根，则实数 a 的取值范围是________.

题 4：建造一个容积为 8m^3，深为 2m 的长方体无盖水池，如果池底和池壁的造价每平方米分别为 120 元和 80 元，则水池的最低造价为___________.

题 5：已知点 $A(-1,0),B(1,0)$ 及抛物线 $y^2=2x$，若抛物线上点 P 满足 $|PA|=m|PB|$，

则 m 的最大值为________.

A. 3　　B. 2　　C. $\sqrt{3}$　　D. $\sqrt{2}$

题 6：若关于 x 的方程 $(2-2^{-|x-2|})^2=2+a$ 有实根，则实数 a 的取值范围是______.

题 7：求过点 $P(4,-1)$ 且与圆 C：$x^2+y^2+2x-6y+5=0$ 切于点 $M(1,2)$ 的圆的方程.

题 8：已知函数 $f(x)=a\ln(x+1)-x^2$，若在区间 $(0,1)$ 内任取两个实数 p，q 且 $p\neq q$，不等式 $\dfrac{f(p+1)-f(q+1)}{p-q}>1$ 恒成立，则实数 a 的取值范围是________.

题 9：如图 8-2，有一块半椭圆形钢板，其长半轴长为 $2r$，短半轴长为 r，计划将此钢板切割成等腰梯形的形状，下底 AB 是半椭圆的短轴，上底 CD 的端点在椭圆上，记 $CD=2x$，梯形面积为 S.

（Ⅰ）求面积 S 以 x 为自变量的函数式，并写出其定义域；

（Ⅱ）求面积 S 的最大值.

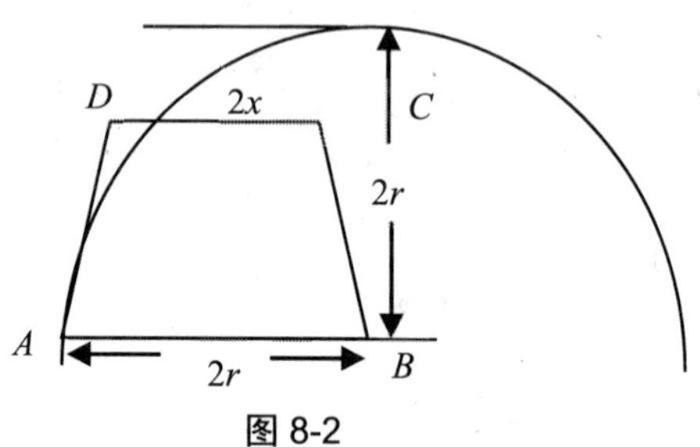

图 8-2

题组解析

【题 1】利用函数的零点解方程，也可代入各区间的一个数（特值法或代入法），选 C.

【题 2】利用 $\dfrac{S_n}{n}$ 是关于 n 的一次函数，设 $S_p=S_q=m$，$\dfrac{S_{p+q}}{p+q}=x$，则($\dfrac{m}{p}$，p)、($\dfrac{m}{q}$，q)、(x，$p+q$) 在同一直线上，由两点斜率相等解得 $x=0$，则 $S_{p+q}=0$.

【题 3】 设 $\cos x=t$，$t\in[-1,1]$，则 $a=t^2-t-1\in\left[-\frac{5}{4},1\right]$，所以答案：$\left[-\frac{5}{4},1\right]$.

【题 4】 设长 x，则宽 $\frac{4}{x}$，造价 $y=4\times120+4x\times80+\frac{16}{x}\times80\geqslant1760$，答案：1760.

【题 5】 设 P 点坐标为 (x,y)，$|PA|=\sqrt{(x+1)^2+y^2}=\sqrt{x^2+4x+1}$，

$|PB|=\sqrt{(x-1)^2+y^2}=\sqrt{x^2+1}$，

故 $m=\frac{|PA|}{|PB|}=\sqrt{\frac{x^2+4x+1}{x^2+1}}=\sqrt{1+\frac{4}{x+\frac{1}{x}}}\leqslant\sqrt{1+\frac{4}{2}}=\sqrt{3}$，

选 C.

【题 6】 令 $f(x)=(2-2^{-|x-2|})^2$，要使 $f(x)=2+a$ 有实根

只需 $2+a$ 是 $f(x)$ 的值域内的值.

$\because f(x)$ 的值域为 $[1,4)$，

$\therefore 1\leqslant a+2<4$，$\therefore -1\leqslant a<2$.

a 取值范围是 $[-1,2)$.

【题 7】 设所求圆的圆心为 $A(m,n)$，半径为 r，则 A,M,C 三点共线，

且有 $|MA|=|AP|=r$，

因为圆 C：$x^2+y^2+2x-6y+5=0$ 的圆心为 $C(-1,3)$，则

$$\begin{cases}\frac{n-2}{m-1}=\frac{2-3}{1+2}\\\sqrt{(m-1)^2+(n-2)^2}=\sqrt{(m-4)^2+(n+1)^2}\end{cases}$$

解得 $m=3$，$n=1$，$r=\sqrt{5}$，

所以所求圆的方程为 $(x-3)^2+(y-1)^2=5$.

【题 8】 由已知的 $p+1,q+1$ 都在 $(1,2)$，所以求 $f'(x)$ 在 $(1,2)$ 上大于 1，

即可得 $f'(x)=\dfrac{a}{x+1}-2x>1$

整理得 $a>(2x+1)(x+1)$，令 $g(x)=(2x+1)(x+1)$ 在 $(1,2)$ 上的最大值为 15，

所以 $a\geqslant 15$.

【题 9】（Ⅰ）依题意，以 AB 的中点 O 为原点建立直角坐标系 $O-xy$（如图 8-3），

则点 C 的横坐标为 x.

点 C 的纵坐标 y 满足方程 $\dfrac{x^2}{r^2}+\dfrac{y^2}{4r^2}=1$ $(y\geqslant 0)$，

解得 $y=2\sqrt{r^2-x^2}$ $\quad(0<x<r)$

$$S=\frac{1}{2}(2x+2r)\cdot 2\sqrt{r^2-x^2}$$

$$=2(x+r)\cdot\sqrt{r^2-x^2},$$

其定义域为 $\{x|0<x<r\}$.

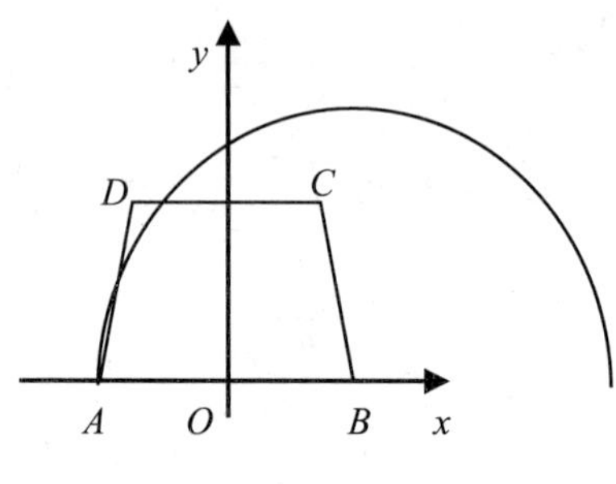

图 8-3

（Ⅱ）记 $f(x)=4(x+r)^2(r^2-x^2)$， $0<x<r$，

则 $f'(x)=8(x+r)^2(r-2x)$.

令 $f'(x)=0$，得 $x=\dfrac{1}{2}r$.

因为当 $0<x<\dfrac{r}{2}$ 时，$f'(x)>0$；当 $\dfrac{r}{2}<x<r$ 时，$f'(x)<0$，所以 $f\left(\dfrac{1}{2}r\right)$ 是 $f(x)$ 的最大值．因此，当 $x=\dfrac{1}{2}r$ 时，S 也取得最大值，最大值为

$$\sqrt{f\left(\frac{1}{2}r\right)}=\frac{3\sqrt{3}}{2}r^2.$$

即梯形面积 S 的最大值为 $\dfrac{3\sqrt{3}}{2}r^2$.

第九章　分类讨论思想

方法讲解

分类讨论思想又称“逻辑化分思想”，它是把所要研究的数学对象划分为若干不同的情形，然后再分别进行研究和求解的一种数学思想. 分类讨论思想不仅是一种重要的数学思想，同时也是一种重要的解题策略，它体现了化整为零、积零为整的思想与归类整理的方法. 有关分类讨论思想的数学问题具有明显的逻辑性、综合性、探索性，能训练人的思维条理性和概括性，所以在高考试题中占有重要的位置.

1. 分类讨论的原则

(1) 分类标准统一，对象确定，层次分明.

(2) 所分分类没有重复部分，也没有遗漏部分.

(3) 分层讨论，不能越级讨论，有时要对分类结果做整合概述.

2. 分类讨论的步骤

(1) 确定讨论对象的主体;

(2) 选取恰当科学的分类标准;

(3) 逐类讨论，获得阶段性成果;

(4) 归纳整合，得出结论.

3. 分类讨论的知识点

(1) 绝对值的概念;

(2) 根式的性质; 一元二次方程的判别式符号与根的情况;

(3) 二次函数二次项系数的正负与抛物线开口方向;

(4) 反比例函数 $y=\frac{k}{x}$ ($k\neq 0$) 的比例系数 k，正比例函数 $y=kx$ 的比例系数 k，一次函数 $y=kx+b$ ($k\neq 0$) 的斜率 k 与图像位置及函数单调性的关系;

(5) 幂函数 $y=x^n$ 的幂指数 n 的正、负与定义域、单调性、奇偶性的关系;

(6) 指数函数 $y=a^x$ ($a>0$ 且 $a\neq 1$)、对数函数 $y=\log_a x$ ($a>0$ 且 $a\neq 1$) 中底数 a 的范围对单调性的影响:

(7) 等比数列前 n 项和公式中公比 q 的范围对求和公式的影响;

（8）不等式性质中两边同时乘以正数与负数对不等号方向的影响；

（9）排列组合中的分类计算原理；

（10）圆锥曲线离心率 e 的取值与三种曲线的对应关系；

（11）运用点斜式，斜截式直线方程时斜率 k 是否存在；

（12）角的终边所在象限与三角函数符号的对应关系，等等.

典例分析

例 1：若不等式 $mx^2+mx+2>0$ 对一切实数 x 恒成立，试确定实数 m 的取值范围.

【解析】（1）当 $m\neq 0$ 时，$mx^2+mx+2>0$ 对于一切实数 x 恒成立，

则 $\begin{cases} m>0 \\ \Delta=m^2-8m<0 \end{cases}$，解得 $0<m<8$.

（2）当 $m=0$ 时，原不等式为 $2>0$，显然对一切实数 x 恒成立. 综合（1）、（2）可得，当 $0\leqslant m<8$ 时，对一切实数 x 不等式恒成立.

例 2：解不等式 $\dfrac{(x+4a)(x-6a)}{2a+1}>0$（$a$ 为常数，$a\neq -\dfrac{1}{2}$）

【解析】当 $2a+1>0$ 时，$a>-\dfrac{1}{2}$；当 $-4a<6a$ 时，$a>0$. 所以分以下四种情况讨论：

当 $a>0$ 时，$(x+4a)(x-6a)>0$，解得：$x<-4a$ 或 $x>6a$；

当 $a=0$ 时，$x^2>0$，解得：$x\neq 0$；

当 $-\dfrac{1}{2}<a<0$ 时，$(x+4a)(x-6a)>0$，解得：$x<6a$ 或 $x>-4a$；

当 $a>-\dfrac{1}{2}$ 时，$(x+4a)(x-6a)<0$，解得：$6a<x<-4a$.

例 3：过点 $P(2,3)$ 且在坐标轴上的截距相等的直线方程是__________.

【解析】从几何图形特征上看，分截距等于零、不等于零两种情况，所求直线方程为 $y=\dfrac{3}{2}x$，$y=5-x$.

例 4：k 代表实数，讨论方程 $kx^2+2y^2-8=0$ 所表示的曲线.

【解析】当 $k<0$ 时，曲线 $\frac{y^2}{4}-\frac{x^2}{-\frac{8}{k}}=1$ 为焦点在 y 轴的双曲线；

当 $k=0$ 时，曲线 $2y^2-8=0$ 为两条平行的垂直于 y 轴的直线；

当 $0<k<2$ 时，曲线 $\frac{x^2}{\frac{8}{k}}+\frac{y^2}{4}=1$ 为焦点在 x 轴的椭圆；

当 $k=2$ 时，曲线 $x^2+y^2=4$ 为一个圆；

当 $k>2$ 时，曲线 $\frac{y^2}{4}+\frac{x^2}{\frac{8}{k}}=1$ 为焦点在 y 轴的椭圆.

例 5：正三棱柱的侧面展开图是边长分别为 2 和 4 的矩形，则它的体积为__________.

【解析】正三棱柱形状的确定需分侧面矩形长、宽分别为 2 和 4、或 4 和 2 两种情况进行讨论.

【答案】$\frac{4\sqrt{3}}{9}$ 或 $\frac{8\sqrt{3}}{9}$.

例 6：已知符号函数 $\text{sgn}(x)=\begin{cases}1, & x>0\\0, & x=0\\-1, & x<0\end{cases}$，则函数 $f(x)=\text{sgn}(\ln x)-\ln^2 x$ 的零点个数为____.

A. 1　　B. 2　　C. 3　　D. 4

【解析】依题意得，当 $x>1$ 时，$\ln x>0$，$\text{sgn}(\ln x)=1$，$f(x)=\text{sgn}(\ln x)-\ln^2 x=1-\ln^2 x$，

令 $1-\ln^2 x=0$，得 $x=e$ 或 $x=\frac{1}{e}$，结合 $x>1$，得 $x=e$；

当 $x=1$ 时，$\ln x=0$，$\text{sgn}(\ln x)=0$，$f(x)=-\ln^2 x$，令 $-\ln^2 x=0$，得 $x=1$，符合；

当 $0<x<1$ 时，$\ln x<0$，$\text{sgn}(\ln x)=-1$，$f(x)=-1-\ln^2 x$. 令 $-1-\ln^2 x=0$，

得 $\ln^2 x=-1$，此时无解. 因此，函数 $f(x)=\text{sgn}(\ln x)-\ln^2 x$ 的零点个数为 2.

【答案】B

例 7：设集合 $A=\{x\,|\,x^2-3x+2=0\}$，$B=\{x\,|\,x^2+2(a+1)x+(a^2-5)=0\}$

求：（1）设 $A\cap B=\{2\}$，求实数 a 的值；

（2）若 $A\cup B=A$，求实数 a 的取值范围.

【解析】（1）$A=\{x\mid x^2-3x+2=0\}=\{1,2\}$，

因为 $A\cap B=\{2\}$，2 是方程 $x^2+2(a+1)x+(a^2-5)=0$ 的根，

得 $a^2+4a+3=0$，解得 $a=-1$ 或 $a=-3$；

将 $a=-1$ 代入方程 $x^2+2(a+1)x+(a^2-5)=0$ 中解得 $B=\{-2,2\}$.

将 $a=-3$ 代入方程 $x^2+2(a+1)x+(a^2-5)=0$ 中解得 $B=\{2\}$.

经检验满足，所以 a 的值为 $\{-1,-3\}$.

（2）因为 $A\cup B=A$，所以 $B=\varnothing$，$B=\{1\}$，$B=\{2\}$，$B=\{1,2\}$

当 $B=\varnothing$ 时，$\Delta=4(a+1)^2-4(a^2-5)=8a+24<0$，解得 $a<-3$.

当 $B=\{2\}$ 时，由（1）得 $a=-3$.

当 $B=\{1\}$ 时，$\begin{cases}\Delta=0\\1+2(a+1)+(a^2-5)=0\end{cases}$，$a$ 无解.

当 $B=\{1,2\}$ 时，$\begin{cases}-2(a+1)=3\\a^2-5=2\end{cases}$，$a$ 无解.

综上 a 的取值范围为 $a\leqslant-3$.

例 8：已知函数 $f(x)=\ln x+ax-a^2x^2(a\in\mathbf{R})$

求：（1）若 $x=1$ 是函数 $y=f(x)$ 的极值点，求 a 的值；

（2）求函数 $f(x)$ 的单调区间.

【解析】（1）函数 $f(x)$ 的定义域为 $(0,+\infty)$.

$$f'(x)=\frac{1}{x}+a-2a^2x=\frac{-2a^2x^2+ax+1}{x}.$$

因为 $x=1$ 是函数 $y=f(x)$ 的极值点，

所以 $f'(1)=1+a-2a^2=0$.

所以$a=-\frac{1}{2}$或$a=1$.

经检验，当$a=-\frac{1}{2}$或$a=1$时，$x=1$是函数$y=f(x)$的极值点.

所以a的值是$-\frac{1}{2}$或1.

（2）由（1）知：$f'(x)=\frac{1}{x}+a-2a^2x=\frac{-2a^2x^2+ax+1}{x}$.

若$a=0$，$f'(x)=\frac{1}{x}>0$.

所以函数$f(x)$的单调递增区间为$(0,+\infty)$；

若$a\neq 0$，令$f'(x)=\frac{(2ax+1)(-ax+1)}{x}=0$，解得$x_1=-\frac{1}{2a},x_2=\frac{1}{a}$.

当$a>0$时，$f'(x),f\left(x\right)$的变化情况见表 9-1:

表 9-1

x	$(0,\frac{1}{a})$	$\frac{1}{a}$	$(\frac{1}{a},+\infty)$
$f'(x)$	+	0	—
$f(x)$	↗	极大值	↘

∴函数$y=f(x)$的单调递增区间是$(0,\frac{1}{a})$，单调递减区间是$(\frac{1}{a},+\infty)$；

当$a<0$时，$f'(x),f\left(x\right)$的变化情况见表 9-2:

表 9-2

x	$(0,-\frac{1}{2a})$	$-\frac{1}{2a}$	$(-\frac{1}{2a},+\infty)$
$f'(x)$	+	0	—
$f(x)$	↗	极大值	↘

∴函数$y=f(x)$的单调递增区间是$(0,-\frac{1}{2a})$，单调递减区间是$(-\frac{1}{2a},+\infty)$.

例 9：曲线C是平面内到定点$A(1,0)$的距离与到定直线$x=-1$的距离之和为 3 的动点P的轨迹．则曲线C与y轴交点的坐标是____；又已知点$B(a,1)$（a为常数），那么

$|PB|+|PA|$的最小值$d(a)=$____.

【解析】设$P(x,y)$，则由题意得，

$\sqrt{(x-1)^2+y^2}+|x+1|=3$，

整理得，P的轨迹方程为

$$y^2=\begin{cases}-2x+3=-2(x-\frac{3}{2}),\ x\geqslant -1,\\ 10x+15=10(x+\frac{3}{2}),\ x<-1,\end{cases}$$

分别以$\left(\frac{3}{2},0\right)$和$\left(-\frac{3}{2},0\right)$为顶点，

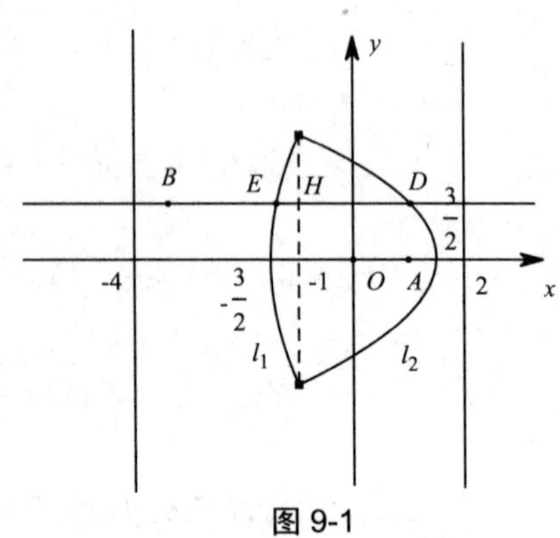

图 9-1

$(1,0)$为焦点，$x=2$和$x=-4$为准线的两条抛物线围成的封闭曲线，如图 9-1。

（1）求曲线与y轴的交点，则，在方程$y^2=-2x+3$中，令$x=0$，可解$y=\pm\sqrt{3}$；

（2）由题意知B的纵坐标为$y=1$．如图 9-1，设$y=1$与曲线的两交点分别为D，E，与$x=-1$的交点为H，则$D(1,1)$，$E(-\frac{7}{5},1)$，$H(-1,1)$．

①当$a\leqslant -\frac{7}{5}$时，连接AB交曲线于P，此时$|PA|+|PB|$取最小值，为$\sqrt{a^2-2a+2}$；

②当$-\frac{7}{5}<a<-1$时，观察可知P在曲线l_1上，又A为l_1的焦点，故$|PA|$可转化为P到$x=-4$的距离，若$|PA|+|PB|$有最小值，则过B作$x=-4$的垂线交曲线于P，此时P为所求，$|PA|+|PB|$的最小值为$a+4$；

③当$-1<a<1$时，观察可知P在曲线l_2上，又A为l_2的焦点，故$|PA|$可转化为P到$x=2$的距离，若$|PA|+|PB|$有最小值，则过B作$x=2$的垂线交曲线于P，此时P为所求，$|PA|+|PB|$的最小值为$2-a$；

④当$a\geqslant 1$时，连接AB交曲线于P，此时$|PA|+|PB|$取最小值，为$\sqrt{a^2-2a+2}$；

综上，$d(a)=\begin{cases}\sqrt{a^2-2a+2}, a\geqslant 1或a\leqslant -\frac{7}{5}\\ a+4, \quad -\frac{7}{5}<a<-1\\ 2-a, \quad -1<a<1\end{cases}$

【答案】$(0,\pm\sqrt{3})$；$\begin{cases}\sqrt{a^2-2a+2}, & a\leqslant -1.4或a\geqslant 1,\\ a+4, & -1.4<a\leqslant -1,\\ 2-a, & -1<a<1.\end{cases}$

巩固题组

题 1：等比数列$\{a_n\}$中，$a_3=7$，前 3 项之和$S_3=21$，则公比为_____.

题 2：已知集合$A=\{3, m^2\}$，$B=\{-1, 3, 2m-1\}$，若$A\subseteq B$，则实数m的值为_____.

题 3：直线l过点$P(-2, 1)$，点$A(-1, -2)$到直线l的距离等于 1，则直线l的方程为___.

题 4：椭圆$\frac{x^2}{k+8}+\frac{y^2}{9}=1$的离心率为$\frac{1}{2}$，则$k$的值为______.

题 5：求函数$f(x)=4^x-a\cdot 2^{x+1}+3 \quad (x\in \mathrm{R})$的值域.

题 6：函数$y=\frac{\sin x}{|\sin x|}+\frac{|\cos x|}{\cos x}+\frac{\tan x}{|\tan x|}$的值域是________.

A. $\{-1,0,1,3\}$　　B. $\{-1,0,3\}$　　C. $\{-1,3\}$　　D. $\{-1,1\}$

题 7：已知函数$f(x)=a(x+1)^2+1-a$在区间$[-1, 2]$上有最大值4，求实数a的取值范围.

题 8：已知函数$f(x)=\mathrm{e}^{ax}\cdot(\frac{a}{x}+a+1)$，其中$a\geqslant -1$．求$f(x)$的单调区间.

题组解析

【题 1】 当$q=1$时，$a_3=7$，$S_3=21$合题意；

当 $q\neq1$ 时，$\begin{cases}S_3=\dfrac{a_1(1-q^3)}{1-q}=21\\a_3=a_1q^2=7\end{cases}$，解得 $q=-\dfrac{1}{2}$.

【题 2】 $A\subseteq B$，$m^2\in B$，$m^2=-1$ 或 $m^2=2m-1\Rightarrow m=1$.

【题 3】 直线 l 的斜率不存在时，满足条件的方程为 $x=-2$，当斜率存在时，设 l 的方程为 $y-1=k(x+2)$，由点到直线的距离公式，可得 $k=-\dfrac{3}{4}$，所以直线 l 的方程为 $4x+3y+5=0$ 或 $x=-2$.

【题 4】 当 $k+8>9$ 时，$e^2=\dfrac{c^2}{a^2}=\dfrac{k+8-9}{k+8}=\dfrac{1}{4},k=4$；

当 $k+8<9$ 时，$e^2=\dfrac{c^2}{a^2}=\dfrac{9-k-8}{9}=\dfrac{1}{4},k=-\dfrac{5}{4}$.

【题 5】 $f(x)=(2^x)^2-2a\cdot2^x+3$.

令 $u=2^x>0$，则 $f(x)=y=u^2-2au+3=(u-a)^2+3-a^2$.

①若 $a<0$，则 $u>a$，即函数 $y=(u-a)^2+3-a^2$ 的图像在对称轴右侧，此时函数单调递增

由 $u>0$ 可知，$y>(0-a)^2+3-a^2=3$，∴此时函数值域为 $(3,+\infty)$.

②若 $a=0$，则 $y=u^2+3$，则 $y\in[3,+\infty)$.

③若 $a>0$，则 $a\in(0,+\infty)$，即函数 $y=(u-a)^2+3-a^2$ 的图像包含对称轴，

∴当 $u=a$ 时，$y_{\min}=(a-a)^2+3-a^2=3-a^2$.

∴此时函数值域为 $[3-a^2,+\infty)$.

综上，当 $a<0$ 时，函数 $f(x)$ 值域为 $(3,+\infty)$；当 $a\geqslant0$ 时，函数 $f(x)$ 值域为 $[3-a^2,+\infty)$.

【题 6】 当 x 是第一象限角时，$y=3$；当 x 是第二象限角时，$y=-1$；

当 x 是第三象限角时，$y=-1$；当 x 是第四象限角时，$y=-1$.

选 C，值域为 $\{1,3\}$

【题 7】（1）当 $a=0$ 时，$f(x)$ 是常值函数 1，不符合题意，舍去.

（2）当 $a>0$ 时，函数 $f(x)$ 在区间 $[-1,2]$ 上是增函数，最大值为 $f(2)=8a+1=4$，

解得 $a=\frac{3}{8}$.

（3）当 $a<0$ 时，函数 $f(x)$ 在区间 $[-1,2]$ 上是减函数，最大值 $f(-1)=1-a=4$，

解得 $a=-3$.

综上可知，a 的值为 $\frac{3}{8}$ 或 -3.

【题 8】 $f'(x)==ae^{ax}\frac{(x+1)[(a+1)x-1]}{x^2},x\neq 0$.

当 $a=-1$ 时，令 $f'(x)=0$，解得 $x=-1$.

$f(x)$ 的单调递减区间为 $(-\infty,-1)$；单调递增区间为 $(-1,0)$、$(0,+\infty)$.

当 $a\neq -1$ 时，令 $f'(x)=0$，解得 $x=-1$，或 $x=\frac{1}{a+1}$.

当 $-1<a<0$ 时，$f(x)$ 的单调递减区间为 $(-\infty,-1)$、$(\frac{1}{a+1},+\infty)$；单调递增区间为 $(-1,0)$、$(0,\frac{1}{a+1})$.

当 $a=0$ 时，$f(x)$ 为常值函数，不存在单调区间.

当 $a>0$ 时，$f(x)$ 的单调递减区间为 $(-1,0)$、$(0,\frac{1}{a+1})$；单调递增区间为 $(-\infty,-1),(\frac{1}{a+1},+\infty)$.

第十章 数形结合思想

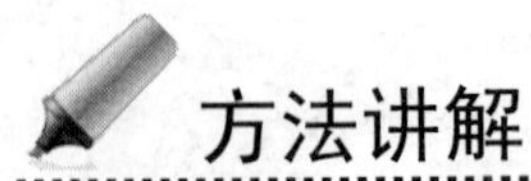

方法讲解

数形结合是一个数学思想方法，包含“以形助数”和“以数辅形”两个方面，其应用大致可以分为两种情形：或者是借助形的生动和直观性来阐明数之间的联系，即以形作为手段，数为目的，比如应用函数的图像来直观地说明函数的性质；或者是借助于数的精确性和规范严密性来阐明形的某些属性，即以数作为手段，形作为目的，如应用曲线的方程来精确地阐明曲线的几何性质.

恩格斯曾说过：“数学是研究现实世界的量的关系与空间形式的科学.”数形结合就是根据数学问题的条件和结论之间的内在联系，既分析其代数意义，又揭示其几何形态，使数量关系精确刻划与空间形式的直观形象巧妙、和谐地结合在一起，充分利用这种结合，寻找解题思路，使问题化难为易、化繁为简，从而得到解决.“数”与“形”是一对矛盾，宇宙间万物无不是“数”和“形”的矛盾的统一. 华罗庚先生说过：数缺形时少直观，形少数时难入微，数形结合百般好，隔裂分家万事休.

数形结合的思想，其实质是将抽象的数学语言与直观的图像结合起来，关键是代数问题与图形之间的相互转化，它可以使代数问题几何化，几何问题代数化.

在运用数形结合思想分析和解决问题时，注意三点

(1) 要理解一些概念和运算的几何意义以及曲线的代数特征，对数学题目中的条件和结论既分析其几何意义又分析其代数意义；

(2) 恰当设参数、合理用参数，建立关系，由数思形，以形想数，做好数形转化；

(3) 正确确定参数的取值范围.

典例分析

例 1：方程 $\lg x = \sin x$ 的实根的个数为________.

A. 1个　　B. 2个　　C. 3个　　D. 4个

【解析】画出 $y = \lg x$ 和 $y = \sin x$ 在同一坐标系中的图像（图 10-1），两图像有 3 个交点，选 C.

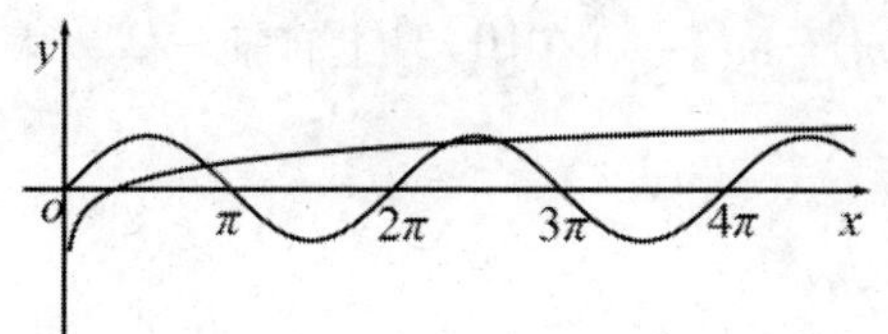

图 10-1

例 2：解关于 x 的不等式：$|x^2-1|<ax\ (a>0)$.

【解析】设 $y_1=|x^2-1|$，$y_2=ax\quad(a>0)$.

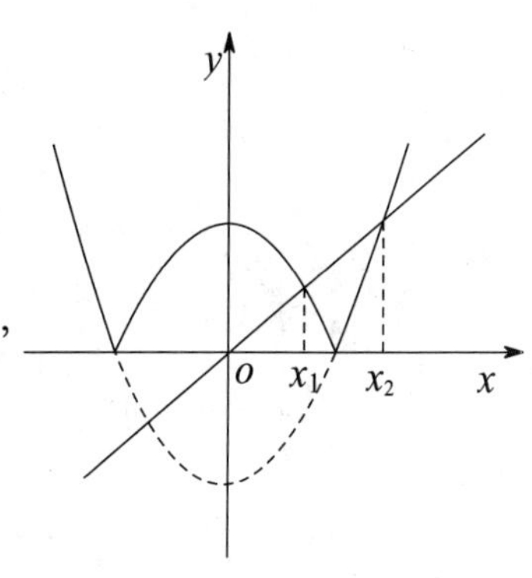

图 10-2

如图分别作出两个函数的图像，由 $\begin{cases}y_1=|x^2-1|\\y_2=ax\end{cases}$，

令 $y_1=y_2$ 求出交点横坐标 $x_1=\dfrac{-a+\sqrt{a^2+4}}{2}$，

$x_2=\dfrac{a+\sqrt{a^2+4}}{2}$

从图形不难看出当函数 y_2 的图像位于 y_1 图像上方时（图 10-2），

对应的 x 的取值范围即为原不等式的解.

∴原不等式的解集为 $\left\{x\middle|\dfrac{-a+\sqrt{a^2+4}}{2}<x<\dfrac{a+\sqrt{a^2+4}}{2}\right\}$.

例 3：a，b，c 为正数，且 $2^a=\log_{\frac{1}{2}}a$，$\left(\dfrac{1}{2}\right)^b=\log_{\frac{1}{2}}b$，$\left(\dfrac{1}{2}\right)^c=\log_2 c$，则________.

A. $a<b<c$　　B. $c<b<a$

C. $c<a<b$　　D. $b<a<c$

【解析】如图 10-3

【答案】A

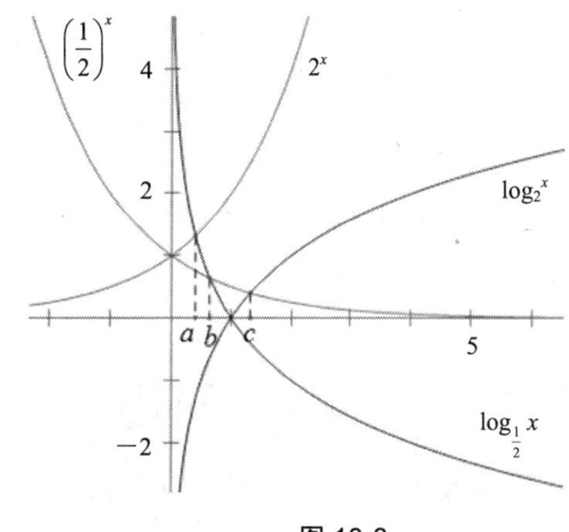

图 10-3

例 4：若方程 $\lg(-x^2+3x-m)=\lg(3-x)$ 在 $[0,3]$ 上有唯一解，求 m 的取值范围.

【解析】原方程等价于:

$$\begin{cases}-x^2+3x-m>0\\3-x>0\\0\leqslant x\leqslant 3\\-x^2+3x-m=3-x\end{cases}\Rightarrow\begin{cases}-x^2+3x-m>0\\0\leqslant x<3\\-x^2+4x-3=m\end{cases}$$

令 $f(x)=-x^2+4x-3$，$g(x)=m$，在同一坐标系内，画出它们的图像，

其中注意 $0\leqslant x<3$，当且仅当两函数的图像在 $[0,3)$ [0，3）上有唯一公共点时，原方程有唯一解，由图 10-4 可见，当 $m=1$，或 $-3\leqslant m\leqslant 0$ 时，原方程有唯一解，因此，m 的取值范围为 $[-3,0]\cup\{1\}$.

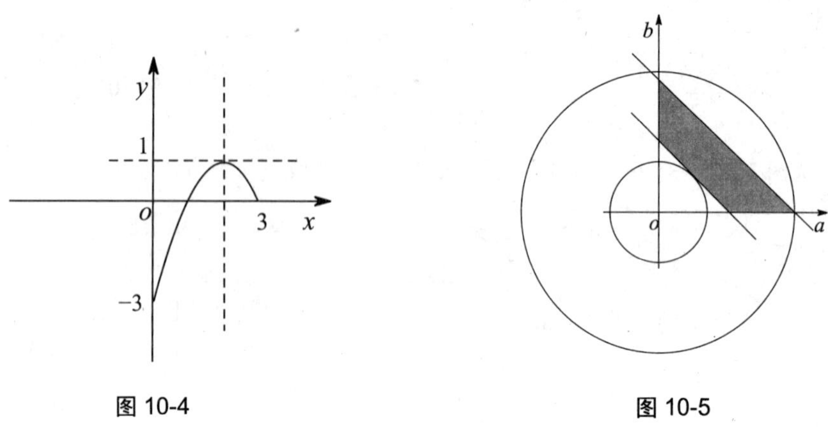

图 10-4　　图 10-5

例 5：已知 a,b 是正数，且满足 $2<a+2b<4$（见图 10-5）.
那么 a^2+b^2 的取值范围是________.

A. $\left(\frac{4}{5},\frac{16}{5}\right)$　　B. $\left(\frac{4}{5},16\right)$　　C. $(1,16)$　　D. $\left(\frac{16}{5},4\right)$

【解析】令 $x^2+y^2=r^2$ 如图所示，圆 $x^2+y^2=r^2$ 到直线 $a+2b-2=0$ 的距离为 $\frac{2\sqrt{5}}{5}$，

即 r 的最小值，又 $a>0,d>0$，当 $x^2+y^2=r^2$ 过点 $(4,0)$ 时，r=4 取最大值，

取值范围是 $\left(\frac{4}{5},16\right)$.

【答案】B

例 6：已知圆 C：$(x+2)^2+y^2=1$，P（x，y）为圆 C 上任一点（见图 10-6）.

求 $\dfrac{y-2}{x-1}$ 的最大值、最小值.

【分析】由 $\dfrac{y-2}{x-1}$ 容易联想到它的几何意义是，点 (x,y) 与 $(1,2)$ 所确定直线的斜率.

【解析】如图 10-6 所示，设 $Q(1,2)$，

由 $p(x,y)$ 得最大、最小值分别为过 Q 点的圆 C 的两条切线的斜率．将上式整理得 $kx-y+2-k=0$.

由 $C(-2,0)$ 到直线 $kx-y+2-k=0$ 的距离为 1，

得 $d=\dfrac{|-2k+2-k|}{\sqrt{1+k^2}}=1$，

$\therefore k=\dfrac{3\pm\sqrt{3}}{4}$，

$\therefore \dfrac{y-2}{x-1}$ 的最大值为 $\dfrac{3+\sqrt{3}}{4}$，最小值为 $\dfrac{3-\sqrt{3}}{4}$.

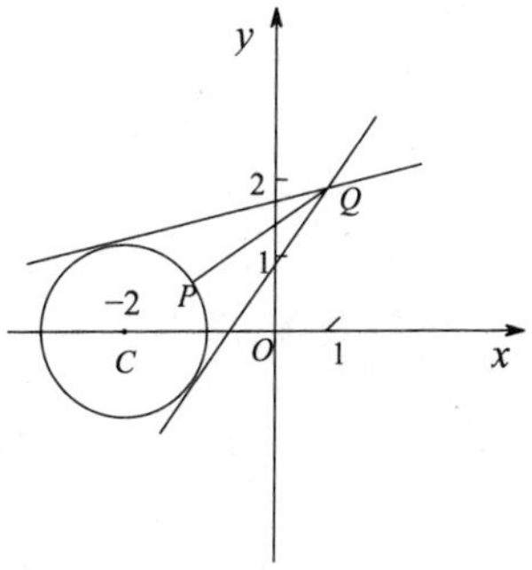

图 10-6

例 7：求函数 $y=\sqrt{x^2+1}+\sqrt{x^2-4x+8}$ 的值域.

【解析】$\sqrt{x^2+1}$ 表示点 $(x,0)$ 到点 $(0,-1)$ 的距离，

$\sqrt{x^2-4x+8}$ 表示点 $(x,0)$ 到点 $(2,2)$ 的距离，

故 $y=\sqrt{x^2+1}+\sqrt{x^2-4x+8}\geqslant\sqrt{(2-0)^2+(2+1)^2}=\sqrt{13}$，

所以 $y=\sqrt{x^2+1}+\sqrt{x^2-4x+8}$ 的值域是 $[\sqrt{13},+\infty)$.

【答案】$[\sqrt{13},+\infty)$

例 8：如果函数 $f(x)=x^2+2(a-1)x+2$ 在区间 $(-\infty,4]$ 上是减函数，则实数 a 的取值范围是________.

A．$[-3,+\infty)$　　B．$(-\infty,-3]$　　C．$(-\infty,5]$　　D．$[3,+\infty)$

【解析】$f(x)=x^2+2(a-1)x+2$ 的对称轴为 $x=1-a$，

$(-\infty,1-a]$ 上是减函数，要使 $f(x)$ 在区间 $(-\infty,4]$ 上是减函数，则只需 $1-a\geqslant 4$ 即 $a\leqslant 3$.

【答案】B

例 9：已知函数 $f(x)=\left|2^x-1\right|$，$a<b<c$，且 $f(a)>f(b)>f(c)$，则下列结论中，一定成立的是________.

A. $a<0,b<0,c<0$　　B. $a<0,b\geqslant 0,c>0$

C. $2^{-a}<2^c$　　D. $2^a+2^c<2$

【解析】作出函数 $f(x)=\left|2^x-1\right|$ 的图像如图 10-7 中实线所示，又 $a<b<c$，且 $f(a)>f(b)>f(c)$，结合图像知 $f(a)<1$，$a<0$，$c>0$.

$\therefore 0<2^a<1$，$\therefore f(a)=\left|2^a-1\right|=1-2^a$.

$\therefore f(c)<1$，$\therefore 0<c<1$.

$\therefore 1<2^c<2$，$f(c)=\left|2^c-1\right|=2^c-1$.

又 $f(a)>f(c)$，即 $1-2^a>2^c-1$.

$\therefore 2^a+2^c<2$.

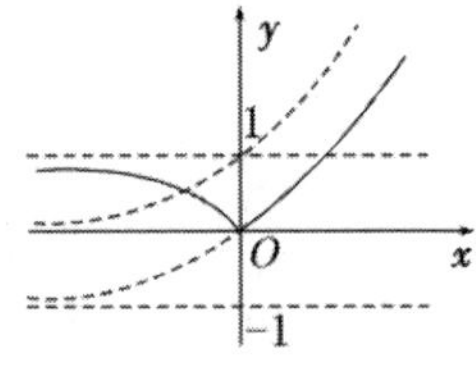

图 10-7

【答案】D

例 10：若 $\vec{a},\vec{b},\vec{c}$ 均为单位向量，且 $\vec{a}\cdot\vec{b}=0$，$(\vec{a}-\vec{c})(\vec{b}-\vec{c})\leqslant 0$，则 $|\vec{a}+\vec{b}-\vec{c}|$ 的最大值为______.

A. $\sqrt{2}-1$　　B. 1　　C. $\sqrt{2}$　　D. 2

【解析】由 $\vec{a},\vec{b}$ 均单位向量，且 $\vec{a}\cdot\vec{b}=0$，设 $\vec{a}=(1,0)$，

$\vec{b}=(0,1)$，$\vec{c}=(x,y)$，且 $x^2+y^2=1$，

由 $(\vec{a}-\vec{c})(\vec{b}-\vec{c})\leqslant 0$ 得 $(x-\frac{1}{2})^2+(y-\frac{1}{2})^2\leqslant\frac{1}{2}$，

$|\vec{a}+\vec{b}-\vec{c}|=\sqrt{(1-x)^2+(1-y)^2}$，见图 10-8，

点到弧的距离 $\left|a+b-c\right|$ 的最大值为 1.

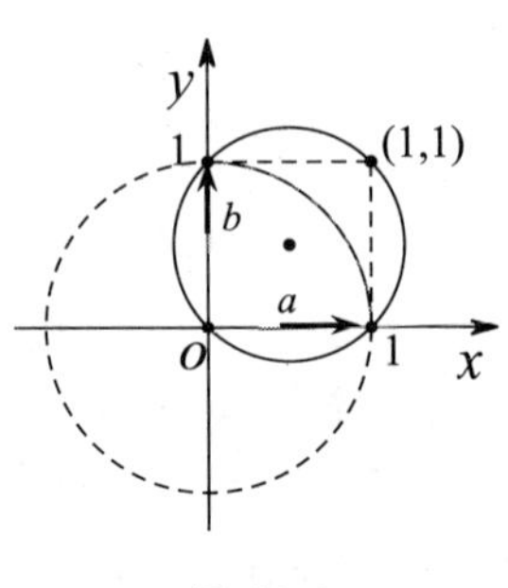

图 10-8

【答案】B

例 11：设点 $A(1,0)$，$B(2,1)$，如果直线 $ax+by=1$ 与线段 AB 有一个公共点，那么 a^2+b^2 ________.

A．最小值为 $\frac{1}{5}$　　B．最小值为 $\frac{\sqrt{5}}{5}$

C．最大值为 $\frac{1}{5}$　　D．最大值为 $\frac{\sqrt{5}}{5}$

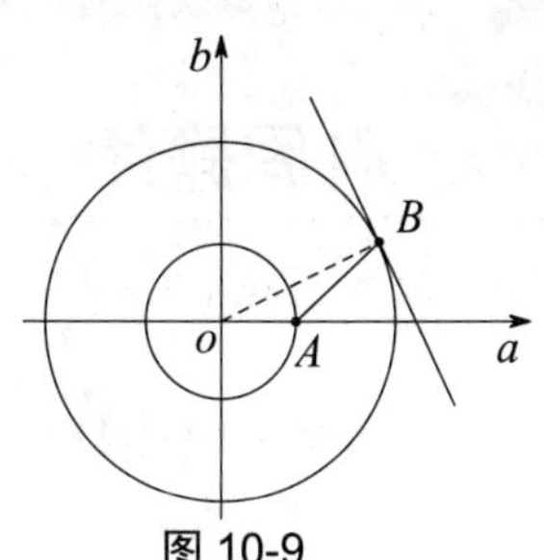

图 10-9

【解析】若直线 $ax+by=1$ 与线段 AB 与交点，

则圆心到直线的距离要小于或等于圆心到点 B 的距离，

即 $\frac{1}{\sqrt{a^2+b^2}}\leqslant\sqrt{5}$，所以 $a^2+b^2\geqslant\frac{1}{5}$.

此题也可用线性规划来解.

【答案】A

例 12：如图 10-10，求曲线 $xy=1$ 及直线 $y=x$，$y=2$ 所围成的图形的面积 S.

【解析】方法一：若将线段 BC 的解析式看做 $y=f(x)$，曲线 BAC 的解析式看做 $y=g(x)$，又知点 A，B，C 的横坐标分别是 1，$\frac{1}{2}$，2，因此所求面积

$S=\int_{\frac{1}{2}}^{2}f(x)\mathrm{d}x-\int_{\frac{1}{2}}^{2}g(x)\mathrm{d}x$，

又因为 $y=g(x)$ 是个分段函数，即

$$y=g(x)=\begin{cases}\frac{1}{x},\ \frac{1}{2}\leqslant x\leqslant 1,\\ x,\ 1<x\leqslant 2.\end{cases}$$

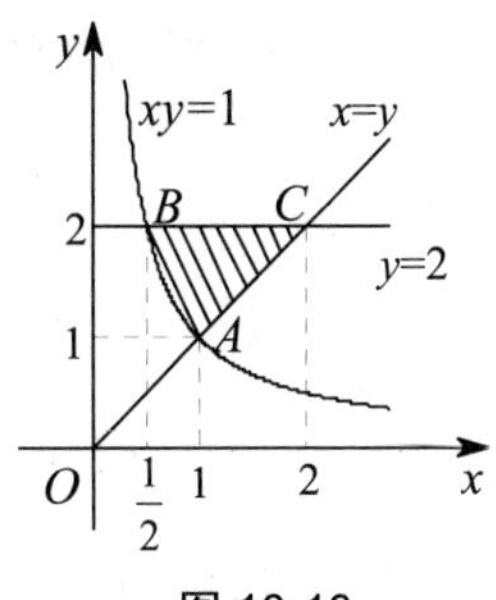

图 10-10

所以 $S=\int_{\frac{1}{2}}^{2}f(x)\mathrm{d}x-\left(\int_{\frac{1}{2}}^{1}g(x)\mathrm{d}x+\int_{1}^{2}g(x)\mathrm{d}x\right)$

$$=\int_{\frac{1}{2}}^{2}2\mathrm{d}x-\left(\int_{\frac{1}{2}}^{1}\frac{1}{x}\mathrm{d}x+\int_{1}^{2}x\mathrm{d}x\right)=2x\Big|_{\frac{1}{2}}^{2}-\ln x\Big|_{\frac{1}{2}}^{1}-\frac{x^2}{2}\Big|_{1}^{2}=\frac{3}{2}-\ln 2.$$

方法二：若将 y 看做自变量，则所求图形可以看做曲线 $x=\frac{1}{y}$ 以及直线 $x=y$，$y=2$ 所围成，因此所求面积为 $S=\int_{1}^{2}y\mathrm{d}y-\int_{1}^{2}\frac{1}{y}\mathrm{d}y=\left(\frac{y^2}{2}-\ln y\right)\Big|_{1}^{2}=\frac{3}{2}-\ln 2$.

【答案】$\frac{3}{2}-\ln 2$

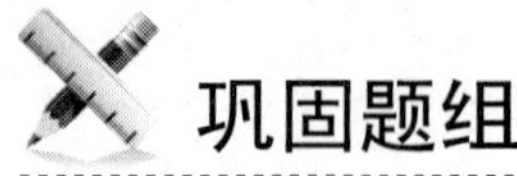

巩固题组

题 1：若 $x\in(1,2)$ 时，不等式 $(x-1)^2<\log_a x$ 恒成立，则 a 的取值范围为________.

A.（0，1）　　B.（1，2）　　C.（1，2]　　D. [1，2]

题 2：已知 $0<a<1$，则方程 $a^{|x|}=|\log_a x|$ 的实数根的个数为________.

A. 1 个　　B. 2 个　　C. 3 个　　D. 1 个或 2 个或 3 个

题 3：解方程：$\sqrt{x^2+6x+10}+\sqrt{x^2-6x+10}=10$.

题 4：若集合 $M=\left\{(x,y)\middle|\begin{cases}x=3\cos\theta\\y=3\cos\theta\end{cases}(0<\theta<\pi)\right\}$，集合 $N=\{(x,y)|y=x+b\}$，

且 $M\cap N\neq\varnothing$，则 b 的取值范围为__________.

题 5：求函数 $y=\dfrac{\sin x}{2+\cos x}$ 的值域.

题 6：已知函数 $f(x)=\begin{cases}x^2+4x, x\geqslant 0\\4x-x^2, x<0\end{cases}$ 若 $f(2-a^2)>f(a)$，则实数 a 的取值范围是________.

题 7：在边长为 2 的正三角形 ABC 内任取一点 P，则使点 P 到三个顶点的距离至少有一个小于 1 的概率是________.

题 8：计算积分 $\int_0^2\sqrt{4-x^2}dx$.

题组解析

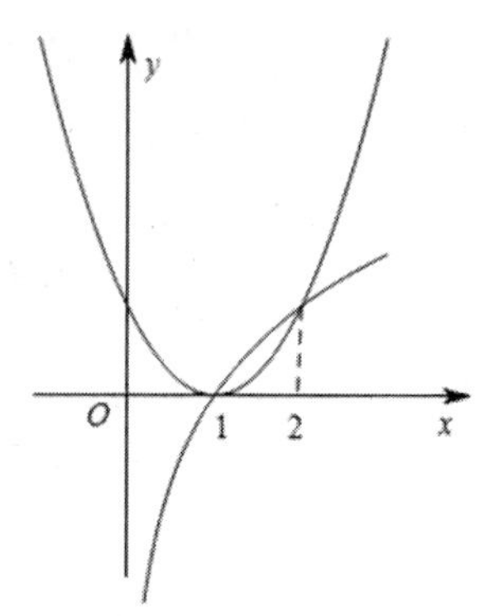

图 10-11

【题 1】令 $y_1=(x-1)^2$，$y_2=\log_a x$，若 $a>1$，

两函数图像如图 10-11 所示，

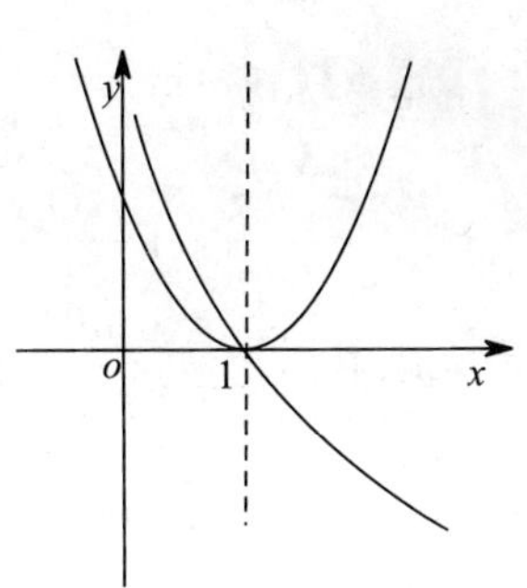

图 10-12

显然当 $x\in(1,2)$ 时，

要使 $y_1<y_2$，只需使 $y_2=\log_a 2\geqslant(2-1)^2$，即 $a\leqslant 2$，

$\therefore$ 当 $1<a\leqslant 2$ 时，

不等式 $(x-1)^2<\log_a x$ 对 $x\in(1,2)$ 恒成立.

若 $0<a<1$，两函数图像如图 10-12 所示，
显然当 $x\in(1,2)$ 时，

不等式 $(x-1)^2<\log_a x$ 恒不成立，

可见应选 C.

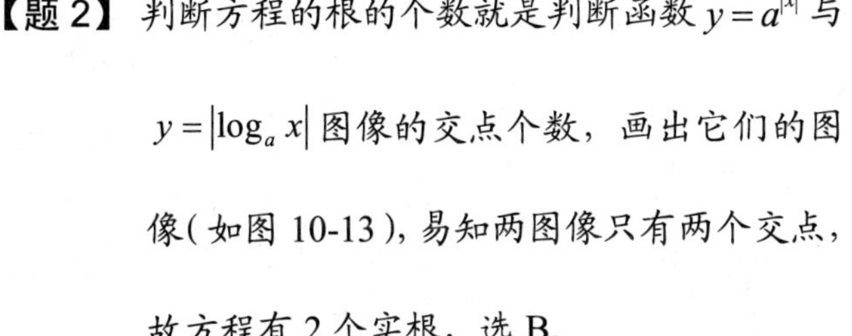

【题 2】 判断方程的根的个数就是判断函数 $y=a^{|x|}$ 与 $y=|\log_a x|$ 图像的交点个数，画出它们的图像（如图 10-13），易知两图像只有两个交点，故方程有 2 个实根，选 B.

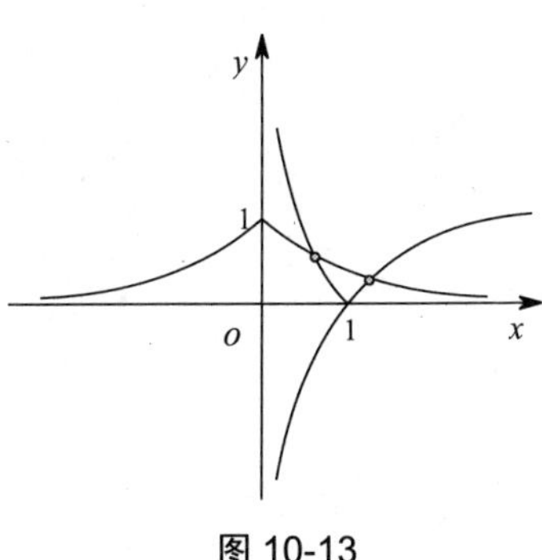

图 10-13

【题 3】 $\sqrt{x^2+6x+10}+\sqrt{x^2-6x+10}=\sqrt{(x+3)^2+(1-0)^2}+\sqrt{(x-3)^2+(1-0)^2}$，

则点 $(x,1)$ 在以 $(3,0)$，$(-3,0)$ 为焦点，$a=5$ 的椭圆 $\dfrac{x^2}{25}+\dfrac{y^2}{16}=1$ 上.

令 $y=1\Rightarrow x=\pm\dfrac{5}{4}\sqrt{15}$，此即方程的解．答案：$x=\pm\dfrac{5}{4}\sqrt{15}$.

【题 4】 $M=\left\{(x,y)\,\middle|\,x^2+y^2=9,0<y\leqslant 1\right\}$，

显然，M 表示以 $(0,0)$ 为圆心，以 3 为半径的圆在 x 轴上方的部分（如图 10-14），而 N 则表示一条直线，其斜率 $k=1$，纵截距为 b，由图形易知，欲使 $M\cap N\neq\varnothing$，即是使直线 $y=x+b$ 与半圆有公共点，显然 b 的最小值逼近值为 -3，最大值为 $3\sqrt{2}$，即 $-3<b\leqslant 3\sqrt{2}$.

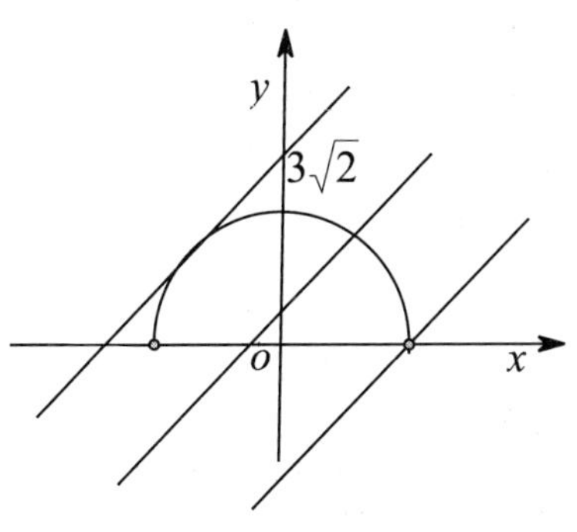

图 10-14

【题 5】 $y=\dfrac{\sin x}{2+\cos x}$ 的几何意义为圆 $x^2+y^2=1$ 上的点与点 $(0,-2)$ 的斜率的取值范围为 $[-\dfrac{\sqrt{3}}{3},\dfrac{\sqrt{3}}{3}]$.

【题 6】 由图像知 $f(x)$ 在 R 上是增函数，由 $f(2-a^2)>f(a)$，得 $2-a^2>a$，解得 $-2<a<1$.

【题 7】 以 A、B、C 为圆心，以 1 为半径作圆，与 ΔABC 交出三个扇形（图 10-15），当 P 落在其内时符合要求．$\therefore p=\dfrac{3\times(\frac{1}{2}\times\frac{\pi}{3}\times1^2)}{\frac{\sqrt{3}}{4}\times2^2}=\dfrac{\sqrt{3}\pi}{6}$.

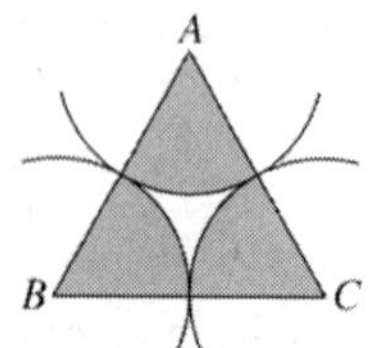

图 10-15

【题 8】 所求定积分为圆 $x^2+y^2=4$ 在 x 轴上半部的半圆的面积，

故 $\int_0^2\sqrt{4-x^2}\,dx=\dfrac{1}{2}\cdot\pi\cdot2^2=2\pi$.

第十一章　转化与化归思想

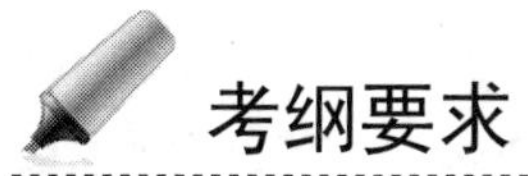

考纲要求

转化与化归思想的基本内涵是：解某些数学问题时，如果直接求解较为困难，可通过观察、分析、类比、联想等思维过程，恰当地运用数学方法进行变换，将原问题A转化为另一个新问题B，而问题B是相对较容易解决的或已经有固定解决程序的问题，且问题B的解决可以得到原问题A的解答. 这种思想方法，我们称之为“转化与化归的思想方法”. 可用框图11-1直观表示为：

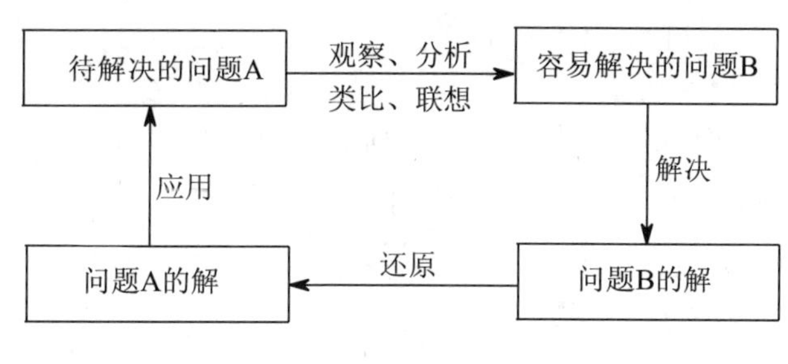

图 11-1

其中的问题B是化归目标或化归方向，转化的手段是化归策略.

化归与转化思想的核心是将生疏的问题转化为熟知的问题，解题的过程就是一个缩小已知与求解之间差异的过程，是未知向已知转化的过程，也是目标向问题靠拢的过程.

化归思想有着客观的基础，它着眼于揭示内在本质联系，实现转化与化归，通过矛盾的转化，达到解决问题的目的.

化归转化思想方法要遵循以下原则：

（1）目标简单化原则，即越转化，问题越简单，越利于解决问题；

（2）和谐统一原则，即转化和化归应满足目标问题与待解决问题在量、形、关系上趋于统一，使问题的条件和结论更均匀和恰当，使待解决问题在表现形式上，越发趋于和谐；

（3）具体化原则，化归方向越具体，越有利于问题的解决；

（4）回归原则，无论怎么转化，无论转化为什么新的问题，都是手段，不是目的，最终的目的是解决原始问题. 因而，最后要回归到原始问题上来，否则，劳而无功.

数形结合思想体现了数与形的相互转化，函数与方程思想体现了函数、方程、不等式间的相互转化；分类讨论思想体现了局部与整体的相互转化，这三种思想方法都是转化与化归思想的具体体现．各种变换方法，分析法、反证法、待定系数法、构造法等都是转化的手段．可以说，转化与化归是数学思想方法的灵魂．

典例分析

例 1：设 $y=(\log_2 x)^2+(t-2)\log_2 x-t+1$，若 t 在 $[-2,2]$ 上变化时，y 恒取正值，求 x 的取值范围．

【分析】由于“习惯”的影响，常把 x 看做自变量，这样处理的话问题很复杂，由于 t 的取值范围已知，可考虑变换主元为 t，这样自变量的范围已知了，函数类型也简单了．

【解析】设 $y=f(t)=(\log_2 x-1)t+(\log_2 x)^2-2\log_2 x+1$，则 $f(t)$ 是一次函数，

当 $t\in[-2,2]$ 时，$f(t)>0$ 恒成立．

则由 $\begin{cases} f(-2)>0 \\ f(2)>0 \end{cases}$，即 $\begin{cases} (\log_2 x)^2-4\log_2 x+3>0 \\ (\log_2 x)^2-1>0 \end{cases}$

解得 $\log_2 x<-1$ 或 $\log_2 x>3$，

$\therefore 0<x<\dfrac{1}{2}$ 或 $x>8$，

$\therefore x$ 的取值范围是 $\left(0,\dfrac{1}{2}\right)\cup(8,+\infty)$．

例 2：已知四棱锥 $P-ABCD$ 的底面是菱形（图 11-2）．$PB=PD$，E 为 PA 的中点．

（1）求证：$PC /\!/$ 平面 BDE；

（2）求证：平面 $PAC\perp$ 平面 BDE．

【解析】（1）因为 E，O 分别为 PA，AC 的中点，

所以 $EO /\!/ PC$（图 11-3）．

因为 $EO\subset$ 平面 BDE，$PC\not\subset$ 平面 BDE，所以 $PC /\!/$ 平面 BDE．

（2）连结 OP

因为 $PB=PD$，所以 $OP\perp BD$．

在菱形 $ABCD$ 中，$BD\perp AC$，

因为 $OP\cap AC=O$，所以 $BD\perp$ 平面 PAC．

因为 $BD\subset$ 平面 BDE，所以平面 $PAC\perp$ 平面 BDE．

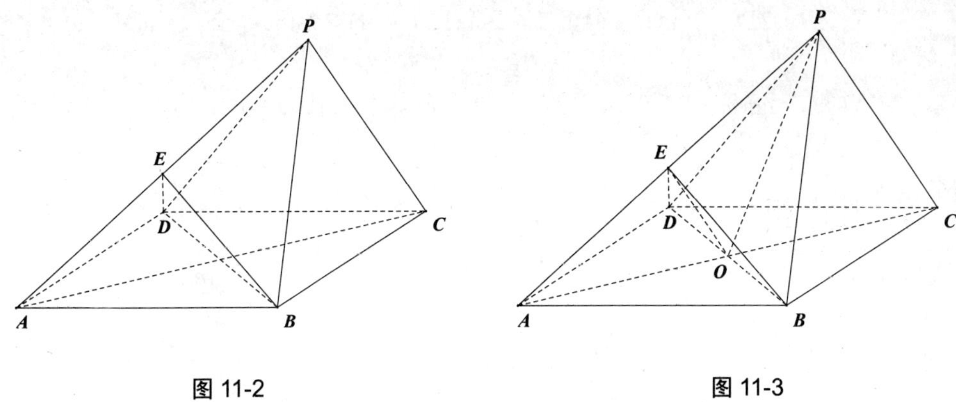

图 11-2　　　　图 11-3

例 3：已知函数 $f(x)=e^x-1, g(x)=-x^2+4x-3$，若有 $f(a)=g(b)$，则 b 的取值范围为________.

A. $[2-\sqrt{2}, 2+\sqrt{2}]$　　B. $(2-\sqrt{2}, 2+\sqrt{2})$　　C. $[1, 3]$　　D. $(1, 3)$

【解析】由题可知 $f(x)=e^x-1>-1$，$g(x)=-x^2+4x-3=-(x-2)^2+1\leqslant 1$，

若有 $f(a)=g(b)$，则 $g(b)\in(-1, 1]$，即 $-b^2+4b-3>-1$，

解得 $2-\sqrt{2}<b<2+\sqrt{2}$.

【答案】B

例 4：若方程 $x^2+(k-2)x+2k-1=0$ 的两根中，一根在 0 和 1 之间，另一根在 1 和 2 之间，则实数 k 的取值范围是________.

【解析】设 $f(x)=x^2+(k-2)x+2k-1$，由题意知

$$\begin{cases} f(0)>0 \\ f(1)<0 \\ f(2)>0 \end{cases} \text{即} \begin{cases} 2k-1>0 \\ 3k-2<0 \\ 4k-1>0 \end{cases} \text{解得} \frac{1}{2}<k<\frac{2}{3}.$$

【答案】$(\frac{1}{2}, \frac{2}{3})$

例 5：在 $\triangle ABC$ 中，$B=60^\circ$，$AC=\sqrt{3}$，则 $AB+2BC$ 的最大值为________.

【解析】在 $\triangle ABC$ 中，由正弦定理得 $\dfrac{AB}{\sin A}=\dfrac{BC}{\sin C}=\dfrac{\sqrt{3}}{\sin 60^\circ}=2$.

$\therefore AB+2BC=2\sin C+4\sin A=2\sin(120^\circ-A)+4\sin A=2\sqrt{7}\sin(A+\varphi)$，

其中，$\tan\varphi=\dfrac{\sqrt{3}}{5}$，又因为 $A\in R$，所以最大值为 $2\sqrt{7}$.

【答案】$2\sqrt{7}$.

例 6：已知函数：$f(x)=x-(a+1)\ln x-\dfrac{a}{x}(a\in\mathbf{R})$，$g(x)=\dfrac{1}{2}x^2+e^x-xe^x$.

求：（1）当 $x\in[1,e]$时，求 $f(x)$ 的最小值；

（2）当 $a<1$ 时，若存在 $x_1\in\left[\mathrm{e},\mathrm{e}^2\right]$，使得对任意的 $x_2\in[-2,0]$，$f(x_1)<g(x_2)$ 恒成立，求 a 的取值范围.

【解析】（1）$f(x)$ 的定义域为 $(0,+\infty)$，$f'(x)=\dfrac{(x-1)(x-a)}{x^2}(a\in\mathbf{R})$.

当 $a\leqslant 1$ 时，$x\in[1,e]$，$f'(x)\geqslant 0$. $f(x)$ 为增函数，$f(x)_{\min}=f(1)=1-a$.

当 $1<a<e$ 时，$x\in[1,a]$，$f'(x)\leqslant 0$. $f(x)$ 为减函数，

$x\in[a,e]$，$f'(x)\geqslant 0$. $f(x)$ 为增函数，$f(x)_{\min}=f(a)=a-(a+1)\ln a-1$.

当 $a\geqslant e$ 时，$x\in[1,e]$，$f'(x)\leqslant 0$. $f(x)$ 为减函数，

$f(x)_{\min}=f(e)=e-(a+1)-\dfrac{a}{e}$.

$\therefore$ 综上当 $a\leqslant 1$ 时，$f(x)_{\min}=1-a$.

当 $1<a<e$ 时，$f(x)_{\min}=a-(a+1)\ln a-1$.

当 $a\geqslant e$ 时，$f(x)_{\min}=e-(a+1)-\dfrac{a}{e}$.

（2）若存在 $x_1\in\left[e,e^2\right]$，使得对任意的 $x_2\in[-2,0]$，$f(x_1)<g(x_2)$ 恒成立，

即 $f(x_1)_{\min}<g(x_2)_{\min}$.

当 $a<1$ 时，由（1）可知，$x_1\in\left[e,e^2\right]$，$f(x)$ 为增函数，

$\therefore f(x_1)_{\min}=f(e)=e-(a+1)-\dfrac{a}{e}$，

$g'(x)=x+e^x-xe^x-e^x=x(1-e^x)$，当 $x_2\in[-2,0]$ 时 $g'(x)\leqslant 0$，$g(x)$ 为减函数，$g(x_2)_{\min}=g(0)=1$，

$\therefore\ e-(a+1)-\dfrac{a}{e}<1$，$a>\dfrac{e^2-2e}{e+1}$.

$\therefore\ a\in(\dfrac{e^2-2e}{e+1},1)$

例 7：已知函数 $f(x)$ 由表 11-1 给出

表 11-1

x	0	1	2	3	4
$f(x)$	a_0	a_1	a_2	a_3	a_4

其中 $a_k(k=0，1，2，3，4)$ 等于在 a_0，a_1，a_2，a_3，a_4 中 k 所出现的次数.

则 $a_4=$______；$a_0+a_1+a_2+a_3=$__________.

【解析】由题意知 $a_0+a_1+a_2+a_3+a_4=5$，

又 $a_1+2a_2+3a_3+4a_4=a_0+a_1+a_2+a_3+a_4=5$（因为 a_0，a_1，a_2，a_3，a_4 中有 a_0 个 0，a_1 个 1，…，a_4 个 4），易知 $a_4=0$，于是 $a_0+a_1+a_2+a_3=5$. 满足的一组值为：2，1，2，0，0.

【答案】$a_4=0$，$a_0+a_1+a_2+a_3=5$.

例 8：已知椭圆 C：$\dfrac{x^2}{a^2}+\dfrac{y^2}{b^2}=1(a>b>0)$ 的离心率是 $\dfrac{1}{2}$，其左、右顶点分别为 A_1，A_2，B 为短轴的端点，ΔA_1BA_2 的面积为 $2\sqrt{3}$.

（Ⅰ）求椭圆 C 的方程；

（Ⅱ）F_2 为椭圆 C 的右焦点，若点 P 是椭圆 C 上异于 A_1、A_2 的任意一点，直线 A_1P、A_2P 与直线 $x=4$ 分别交于 M、N 两点，证明：以 MN 为直径的圆与直线 PF_2 相切于点 F_2.

【解析】（Ⅰ）由已知$\begin{cases}\dfrac{c}{a}=\dfrac{1}{2}\\ ab=2\sqrt{3}\\ a^2=b^2+c^2\end{cases}$

解得$a=2$，$b=\sqrt{3}$．故所求椭圆方程为$\dfrac{x^2}{4}+\dfrac{y^2}{3}=1$.

（Ⅱ）证明：由（Ⅰ）知$A_1\left(-2,0\right)$，$A_2\left(2,0\right)$，$F_2\left(1,0\right)$.

设$P\left(x_0,y_0\right)\left(x_0\neq\pm2\right)$，则$3x_0^2+4y_0^2=12$.

于是直线A_1P方程为$y=\dfrac{y_0}{x_0+2}\left(x+2\right)$，令$x=4$，得$y_M=\dfrac{6y_0}{x_0+2}$；

所以$M(4,\dfrac{6y_0}{x_0+2})$，同理$N(4,\dfrac{2y_0}{x_0-2})$.

所以$\overrightarrow{F_2M}=(3,\dfrac{6y_0}{x_0+2})$，$\overrightarrow{F_2N}=(3,\dfrac{2y_0}{x_0-2})$.

所以$\overrightarrow{F_2M}\cdot\overrightarrow{F_2N}=(3,\dfrac{6y_0}{x_0+2})\cdot(3,\dfrac{2y_0}{x_0-2})=9+\dfrac{6y_0}{x_0+2}\times\dfrac{2y_0}{x_0-2}$

$$=9+\frac{12y_0^2}{x_0^2-4}=9+\frac{3\left(12-3x_0^2\right)}{x_0^2-4}=9-\frac{9\left(x_0^2-4\right)}{x_0^2-4}=9-9=0.$$

所以$F_2M\perp F_2N$，点F_2在以MN为直径的圆上.

设MN的中点为E，则$E(4,\dfrac{4y_0(x_0-1)}{{x_0}^2-4})$.

又$\overrightarrow{F_2E}=(3,\dfrac{4y_0(x_0-1)}{{x_0}^2-4})$，$\overrightarrow{F_2P}=\left(x_0-1,y_0\right)$，

所以$\overrightarrow{F_2E}\cdot\overrightarrow{F_2P}=(3,\dfrac{4y_0(x_0-1)}{{x_0}^2-4})\cdot\left(x_0-1,y_0\right)=3\left(x_0-1\right)+\dfrac{4y_0^2\left(x_0-1\right)}{x_0^2-4}$

$$=3\left(x_0-1\right)+\frac{\left(12-3x_0^2\right)\left(x_0-1\right)}{x_0^2-4}=3\left(x_0-1\right)-3\left(x_0-1\right)=0.$$

所以$F_2E\perp F_2P$．因为F_2E是以MN为直径的圆的半径，E为圆心，

$F_2E \perp F_2P$，

故以 MN 为直径的圆与直线 PF_2 相切于右焦点 F_2.

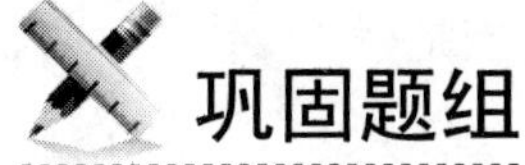

巩固题组

题 1：若 $m,n,p,q \in R$ 且 $m^2+n^2=a$， $p^2+q^2=b$， $ab \neq 0$，则 $mp+nq$ 的最大值是________.

A. $\frac{a+b}{2}$　　B. $\sqrt{ab}$　　C. $\sqrt{\frac{a^2+b^2}{2}}$　　D. $\frac{ab}{a+b}$

题 2：设椭圆 $\frac{y^2}{a^2}+\frac{x^2}{b^2}=1$（$a>b>0$）的半焦距为 c，直线 l 过 $(0,a)$ 和 $(b,0)$，已知原点到 l 的距离等于 $\frac{2\sqrt{21}}{7}c$，则椭圆的离心率为________.

A. $\frac{1}{4}$　　B. $\frac{1}{2}$　　C. $\frac{\sqrt{3}}{3}$　　D. $\frac{\sqrt{2}}{2}$

题 3：已知三棱锥 $S-ABC$ 的三条侧棱两两垂直，$SA=5$，$SB=4$，$SC=3$，D 为 AB 的中点，E 为 AC 点则四棱锥 $S-BCED$ 的体积为________.

A. $\frac{15}{2}$　　B. 10　　C. $\frac{25}{2}$　　D. $\frac{35}{2}$

题 4：已知不等式 $x+|x-2m|>1$ 的解集为 $\mathbf{R}$，求实数 m 的取值范围.

题 5：若函数 $y=\log_2\left(ax^2+2x+1\right)$ 的值域为 $\mathbf{R}$，则 a 的范围为________.

题 6：已知 F_1、F_2 是椭圆的两个焦点，满足 $\overrightarrow{MF_1}\cdot\overrightarrow{MF_2}=0$ 的点 M 总在椭圆内部，则椭圆离心率的取值范围是________.

A. $(0,1)$　　B. $(0,\frac{1}{2}]$　　C. $(0,\frac{\sqrt{2}}{2})$　　D. $[\frac{\sqrt{2}}{2},1)$

题 7：已知向量 $\vec{P}=\frac{\vec{a}}{|\vec{a}|}+\frac{\vec{b}}{|\vec{b}|}$，其中 $\vec{a},\vec{b}$ 均为非零向量，则 $|\vec{P}|$ 的取值范围是______.

A．$[0,\sqrt{2}]$　　B．$[0,1]$　　C．$(0,2]$　　D．$[0,2]$

题 8：已知命题 p：函数 $y=(c-1)x+1$ 在 $\mathbf{R}$ 上单调递增；命题 q：不等式 $x^2-x+c\leqslant 0$ 的解集是 $\varnothing$．若 p 且 q 为真命题，则实数 c 的取值范围是______．

题 9：在 $\triangle ABC$ 中，a,b,c 分别是角 A,B,C 所对的边，则“$A<B$”是“$\cos 2A>\cos 2B$”的________．

A．充分不必要条件　　B．必要不充分条件

C．充要条件　　D．既不充分也不必要条件

题 10：已知函数 $y=f(x)$ 的定义域为 $\mathbf{R}$，当 $x<0$ 时，$f(x)>1$，且对任意的 x，$y\in\mathbf{R}$，等式 $f(x)\cdot f(y)=f(x+y)$ 成立．若数列 $\{a_n\}$ 满足 $a_1=f(0)$，且 $f(a_{n+1})=\dfrac{1}{f(-2-a_n)}(n\in\mathbf{N})$，则 a_{2009} 的值为________．

A．4016　　B．4017　　C．4018　　D．4019

题 11：已知函数 $f(x)=\dfrac{4x^2-7}{2-x}$，$x\in[0,1]$．

（1）求 $f(x)$ 的单调区间和值域；

（2）设 $a\geqslant 1$，函数 $g(x)=x^3-3a^2x-2a$，$x\in[0,1]$，若对于任意 $x_1\in[0,1]$，总存在 $x_0\in[0,1]$，使得 $g(x_0)=f(x_1)$ 成立，求 a 的取值范围．

题 12：已知抛物线 M：$y^2=4x$，圆 N：$(x-1)^2+y^2=r^2$（其中 r 为常数，$r>0$）．过点 $(1,0)$ 的直线 l 交圆 N 于 C、D 两点，交抛物线 M 于 A、B 两点，且满足 $|AC|=|BD|$ 的直线 l 只有三条的必要条件是_______．

A．$r\in(0,1]$　　B．$r\in(1,2]$　　C．$r\in(\frac{3}{2},4)$　　D．$r\in[\frac{3}{2},+\infty)$

题组解析

【题 1】 由 $mp+nq\leqslant\dfrac{m^2+p^2}{2}+\dfrac{n^2+q^2}{2}$ 容易求解，选 A.

【题 2】 $ab=\frac{2\sqrt{21}c}{7}\times\sqrt{a^2+b^2}$，变形为$12e^4-31e^2+7=0$，再解出$e$，$e=\frac{1}{2}$，选 B.

【题 3】 由$S_{\triangle ADE}=\frac{1}{4}S_{\triangle ABC}$和三棱锥的等体积转化容易求得$S_{BCED}=\frac{15}{2}$，选 A.

【题 4】 依题意$\forall\ x\in\mathbf{R}$，$x+|x-2m|>1$恒成立.

设$f(x)=x+|x-2m|$（$x\in\mathbf{R}$），应满足$f(x)_{\min}>1$，

将$f(x)$化简后得：$f(x)=\begin{cases}2x-2m\ (x\geqslant 2m)\\2m\qquad (x<2m)\end{cases}$

研究该分段函数知$f(x)_{\min}=f(2m)=2m$，（$x\in\mathbf{R}$）

故只需$2m>1$，即$m>\frac{1}{2}$，

所以实数m的取值范围为$\left(\frac{1}{2},+\infty\right)$.

【题 5】 ax^2+2x+1须取遍所有的正实数，当$a=0$时，$2x+1$符合条件；

当$a\neq 0$时，则$\begin{cases}a>0\\ \Delta-4-4a\geqslant 0\end{cases}$，得$0<a\leqslant 1$，即$0\leqslant a\leqslant 1$.

【题 6】 满足$\overrightarrow{MF_1}\cdot\overrightarrow{MF_2}=0$的点$M$在以$F_1F_2$为直径的圆上，故只需$c<b$即可，从而

$a=\sqrt{b^2+c^2}>\sqrt{2}c$，从而$e<\frac{\sqrt{2}}{2}$，选 C .

【题 7】 由已知向量$\vec{P}$是两个单位向量的和，当这两个单位向量同向时，$|\vec{P}|_{\max}=2$，

当这两个单位向量反向时，$|\vec{P}|_{\min}=0$，选 D.

【题 8】 因为p且q为真，所以命题p为真，且命题q为真. 因为命题p：函数$y=(c-1)x+1$在$\mathbf{R}$上单调递增，所以$c>1$；命题q：不等式$x^2-x+c\leqslant 0$的解集是$\varnothing$，所以$\Delta=1-4c<0$，解得$c>\frac{1}{4}$. 综上所述：$c>1$.

【题 9】 由大边对大角可知，$A<B\Leftrightarrow a<b$.

由正弦定理可知$\frac{a}{\sin A}=\frac{b}{\sin B}$，

故$a<b\Leftrightarrow\sin A<\sin B$.

而 $\cos 2A = 1 - 2\sin^2 A$， $\cos 2B = 1 - 2\sin^2 B$，

又 $\sin A > 0$， $\sin B > 0$，所以 $\sin A < \sin B \Leftrightarrow \cos 2A > \cos 2B$.

所以 $a < b \Leftrightarrow \cos 2A > \cos 2B$，即 “$A < B$” 是 “$\cos 2A > \cos 2B$” 的充要条件，选 C.

【题 10】 $f(x) \cdot f(y) = f(x+y)$，

令 $x = y = 0$，则 $f(0) = 1$，

令 $x = 1$， $y = -1$，则 $f(1) \cdot f(-1) = 1$，

故得 $a_{n+1} - 2 - a_n = 0$， $a_{n+1} - a_n = 2$，

所以 $a_{2009} = 1 + (2009 - 1) \times 2 = 4017$，选 B.

【题 11】 （1）对函数 $f(x)$ 求导，得 $f'(x) = \dfrac{-4x^2 + 16x - 7}{(2-x)^2} = -\dfrac{(2x-1)(2x-7)}{(2-x)^2}$，

令 $f'(x) = 0$，解得 $x = \dfrac{1}{2}$ 或 $x = \dfrac{7}{2}$.

当 x 变化时， $f'(x)$、 $f(x)$ 的变化情况如表 11-2 所示：

表 11-2

x	0	$\left(0,\frac{1}{2}\right)$	$\frac{1}{2}$	$\left(\frac{1}{2},1\right)$	1
$f'(x)$	−	−	0	+	+
$f(x)$	$-\frac{7}{2}$	↘	极小值−4	↗	−3

所以，当 $x \in \left(0, \dfrac{1}{2}\right)$ 时， $f(x)$ 为减函数；当 $x \in \left(\dfrac{1}{2}, 1\right)$ 时， $f(x)$ 是增函数；

当 $x \in [0, 1]$ 时， $f(x)$ 的值域为 $[-4, -3]$.

（2）对函数 $g(x)$ 求导，得 $g'(x) = 3(x^2 - a^2)$.

因为 $a \geqslant 1$，当 $x \in (0, 1)$ 时， $g'(x) < 3(1 - a^2) \leqslant 0$.

因此当 $x \in (0, 1)$ 时， $g(x)$ 为减函数，

从而当 $x \in [0, 1]$ 时有 $g(x) \in [g(1), g(0)]$.

又 $g(1) = 1 - 2a - 3a^2$， $g(0) = -2a$，

即当 $x \in [0, 1]$ 时有 $g(x) \in [1 - 2a - 3a^2, -2a]$.

当 $x_1\in[0,1]$，$f(x_1)\in[-4,-3]$，存在 $x_0\in[0,1]$ 使得 $g(x_0)=f(x_1)$，

则 $[1-2a-3a^2,-2a]\supseteq[-4,-3]$，即 $\begin{cases}1-2a-3a2\leqslant-4 \cdots\cdots\cdots\cdots①\\ -2a\geqslant-3 \cdots\cdots\cdots\cdots\cdots\cdots\cdots②\end{cases}$

解式①得 $a\geqslant1$ 或 $a\leqslant-\dfrac{5}{3}$；

解式②得 $a\leqslant\dfrac{3}{2}$．又 $a\geqslant1$．

故 a 的取值范围为 $1\leqslant a\leqslant\dfrac{3}{2}$．

【题 12】 D 圆与抛物线没有交点或者只有一个交点时，如图 11-4。若满足 $|AC|=|BD|$，则有 $|AC|+r=|BD|+r$，即 $|AF|=|BF|$．显然，交点 C,D 一定在抛物线的开口内，所以有且仅有 l_1 满足条件，即有且仅有一条直线满足要求，不符合题意．

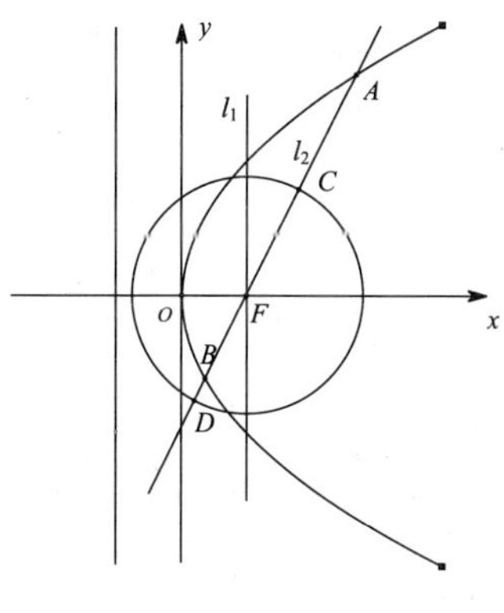

图 11-4

当圆与抛物线相交于两个点时，如图 11-5，很显然 l_1 满足条件，当直线 l_2 不垂直于 x 轴时，由抛物线和圆的对称性知，若存在一条，则必有两条满足条件．再加上 l_1，则有三条，若 C,D 在抛物线的开口内，很显然不符合要求，

故 C,D 定有一个在抛物线的开口外，此时，若满足 $|AC|=|BD|$，则有 $|AF|-r=r-|BF|$，即 $|AF|+|BF|=2r$．若设 A,B 的横坐标分别为 x_A,x_B，则

由$|AF|=x_A+1$，$|BF|=x_B+1$知，$x_A+x_B=2r-2$。又直线l_2不垂直于x轴，

故$\dfrac{x_A+x_B}{2}>1$.所以，$r>2$．即当$r>2$时，有且仅有三条直线满足$|AC|=|BD|$，

反之亦然．而此题的问题是必要条件，$r\in\left[\dfrac{3}{2},+\infty\right)$．故选择D.

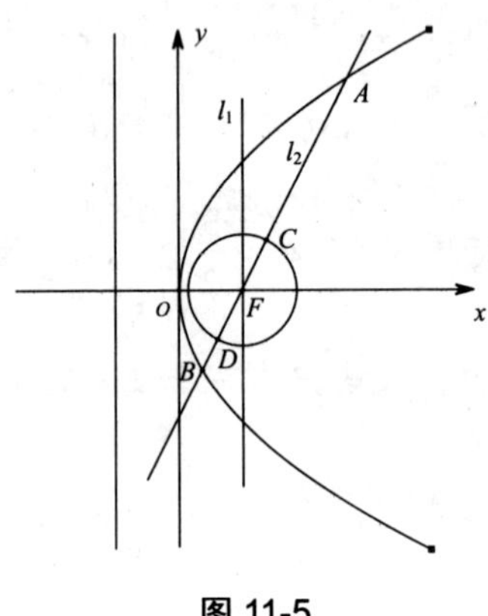

图 11-5

面对人类的环境问题

迎接知识创新的挑战